periplaneta

Andreas Keck: Asphaltwiesn
Münchner Großstadtgeschichten
2. Auflage, August 2020, Periplaneta Berlin

Inh. Marion Alexa Müller, Bornholmer Str. 81a, 10439 Berlin
www.periplaneta.com

Coverfoto: Eibe Maleen Krebs
Satz, Covergestaltung & Layout: Thomas Manegold
Lektorat: Dana Grünzig, Thomas Manegold

Gedruckt in Deutschland
Gedruckt auf FSC- und PEFC-zertifiziertem Werkdruckpapier

ISBN: 978-3-940767-39-4

Andreas Keck

Asphaltwiesn

Münchner Großstadtgeschichten

periplaneta

1860 München

Jedes Mal, wenn sie zusammen in einer Bar waren oder in einem Gemüseladen oder sonst wo, kam ein Barbesucher oder der Gemüsehändler oder sonst wer auf sie zu und erklärte ihnen, was für ein wunderbares Pärchen sie seien. Es war Verlass darauf. Einer sprach sie an. Immer ein Mann. Dabei waren sie keines – sie waren kein Paar. Er war sich nicht ganz sicher, ob er verliebt war in sie, und sie liebte seit einem Jahr einen Mathematikstundenten, der sie zwar liebte, aber keine Beziehung mit ihr haben wollte. Mit dem Mathematiker schlief sie und mit dem, der aussah, als sei er ihr Freund, verbrachte sie die Stunden davor.

Ach ja, und sie glaubte an Engel. Sprach mit ihnen, bevor sie zu Bett ging oder tagsüber oder nach dem Aufstehen. Sie gaben ihr die notwendigen Antworten, weswegen sie kein zufriedenes Leben führte oder ob sie mit siebenundzwanzig noch einmal ein anderes Studium beginnen sollte oder ob sie abends in Inglorious Basterds oder Coco Chanel gehen sollte. Die Engel sagten, Coco Chanel, und sie rief ihn an und sagte, Coco Chanel und er nur: Geht klar. Er wusste, dass sie nach dem Film zu ihrem Mathematiker gehen und wieder eine sagenhafte Nacht mit ihm verbringen würde, um Tags darauf todunglücklich zu sein, und sagte zu. Er würde auch früher hingehen, zu dem kleinen Kino am Rosenheimer Platz, und zwei Karten reservieren. Eigentlich wollte er in Inglourious Basterds und zusehen, wie Brad Pitt als jüdischer Leutnant ganze Bataillone sinnloser Nazis abschlachtete, aber er war beweglich. Gern hätte er die Skalps gesehen, die die coolen amerikanischen Nazijäger den hässlichen Deutschen nahmen, aber war auch mit den erlesenen Hutschöpfungen einer jungenhaften Französin einverstanden, die eigentlich Sängerin werden wollte, aber irgendwie bei Schere, Lineal und Nähnadel landete.

Stunden vorher schrieb er ihr eine SMS:

„Zieh dir etwas Vornehmes an! Ich komme mit Stock und Hut!"

Sie antwortete: „Wir werden gut aussehen, weil wir uns Gedanken darüber machen."

Sie kam in einem einfachen Kleid, das sie schon am Tag zuvor getragen hatte, und er mit schmaler, schwarzer Krawatte und hautfarbenem Hemd und einem stilsicher zerknitterten Jackett. Er fühlte sich bescheuert und ihr tat es ein bisschen leid. Als sie dann im Kinofoyer ihre langen, stofffreien Beine auf den niedrigen Beistelltisch legte, war alles wieder in Ordnung. Während der Filmvorführung berührten sich ihre Hände. Er stierte auf die Haut ihrer Knie und dachte, wie gern er dieses Knie berühren würde und sonst auch alles.

Ihre Geschichte hatte schon früher begonnen, vor einigen Wochen, in jenen außergewöhnlich warmen Septembertagen, als es nachts noch so heiß war, dass er und sie bis nach Mitternacht kurzärmlig auf den Stufen des Königsplatzes sitzen konnten. Es war ihr zweiter gemeinsamer Abend. Kennen gelernt hatten sie sich im Café an der Synagoge, am Tag zuvor. Er war in das Café hineingegangen und hatte sie mit einem leeren Tablett am Eingang stehen sehen.

Sie sah zweimal kurz hin zu ihm. Er sah sie den ganzen Abend an. Am nächsten Tag kam er wieder. Sie war auch da. Um sie nicht dauernd anstarren zu müssen, setzte er sich an einen Tisch auf der Terrasse. Sie bediente innen. Er war furchtbar nervös und blickte unentwegt auf die Außenwand der neuen, modernen Synagoge und studierte die fraktale Struktur ihrer Travertinverkleidung. Infolge einer kurzen Unachtsamkeit drehte er sich ruckartig um und sah durch die große Frontscheibe des Cafés ins Innere. Sie sah ihn an – in eben diesem Moment, und sein Blick schnellte zurück auf den menschenleeren, großen Platz. Nach zwei weiteren Stunden, die er mit dem Schreiben eines Gedichtes über den Adel der Einsamkeit verbracht hatte, war ihm in der Mittagssonne so heiß, dass er quer über den gepflasterten Platz zu einer ebenerdigen Springfontäne ging und seine Hosenbeine bis zu den Knien mit Wasser besprengte. Als er mit seinen Schuhen in den Händen und der nassen Hose entlang der Tische zurück an seinen Platz ging, straften ihn die Blicke einiger Cafébesucher ab. Und als er dann auch noch mit steifem Hohlkreuz wie angestochen auf seinem Zettel herumstrich, hatte ihn das Pärchen am Nebentisch bereits als seltsam eingestuft. – Das alles war ihm bewusst. Dasselbe Pärchen war gleichermaßen verblüfft, als plötzlich eine ihm unbekannte Kellnerin zu seinem Tisch kam und erklärte, dass sie ihn von Innen gesehen hätte und sie heute mit dem Arbeiten schon um Drei fertig sei, und ob er nicht Lust auf einen Spaziergang habe. Und dann stellte sie sich noch mit Namen vor. Er meinte, Ja, natürlich ... das ... das wäre schön. Sie schrieb ihre Handynummer auf den Zettel mit seinem Gedicht, und er meinte, er würde sie anrufen, gegen Vier.

„Gut!"

„Gut!"

Er versuchte sich noch kurz an seinem Gedicht und verwarf es schließlich als kindisch und peinlich. Er konnte sich nicht mehr auf seine Verse konzentrieren und versuchte, sich das Verhalten der Kellnerin zu erklären. Es wollte ihm nicht gelingen. Sie musste bemerkt haben, wie er sie beobachtete. Als er aufstand und ging, sah ihn der Mann des Pärchens vom Nebentisch mit großen Augen an und verfolgte seinen Abgang. Sie verabredeten sich telefonisch für Fünf in einem türkischen Restaurant am Roecklplatz.

Kurz vor Fünf stieg er von seinem Fahrrad und sah, wie sie ihr Rad eben an einer Straßenlaterne ankettete. Er dachte: Licht. Sie trug jenes schwarze Kleid und er bemerkte, dass sie sehr groß war. Am Tisch erzählte sie ihm zuerst, dass sie mit den Engeln rede und fragte ihn mit hochgezogenen Augenbrauen, ob er das komisch fände.

„Was sagen sie dir denn?"
„Sie beantworten meine Fragen."
„Und was fragst du sie?"
„Ich frage sie, weswegen ich unzufrieden bin." Und sie lächelte und ihre Augen strahlten und zwei schneeweiße, zusammengepresste Zahnreihen kamen zum Vorschein.
Er dachte, was für gesunde, vitale Zähne! „Weswegen bist du unzufrieden?"
„Das kann ich dir nicht sagen."
„Wieso?"
„Weil du dann vielleicht gleich wieder gehst."
„Jetzt sag!"
„Da gibt es einen Typen. "
„Ja?"
„In den bin ich verliebt."
„Und?"
„Er will keine Beziehung mit mir."
Währenddessen kommt der türkische Besitzer an ihren Tisch, schickt den Kellner wieder weg, der gerade ihre Bestellung aufnehmen wollte, und fragt sie, was sie essen möchte und wo sie arbeitet.
„Im Café an der Synagoge!"
„Wann arbeitest du wieder da?"
„Weiß' noch nicht."
„Hm, wann?"
„Äh, ... am ... Dienstag ... wahrscheinlich."
„Ich komme vorbei!" Er zwinkert mit einem Auge und geht.
„Wollen wir zusammen Türkischen Honig essen?"
Er nickt.
„Oh, wie schön!" Ihr Ellbogen berührt seinen Arm und sie zieht ihn nicht weg und strahlt ihn an. Er erklärt ihr, dass er zwar nicht unbedingt an Engel glaube, aber sehr wohl an Energien. Der Kellner zum Beispiel, der sie vorher bediente, fürchte sie. Natürlich, ohne es zu wissen.

Er spüre unbewusst ihre Licht-Kraft. Doch er habe hier alles verdunkelt. Hier draußen. Die ganze Stimmung an den Tischen sei schlecht. Er könne das spüren.

„Das stimmt. Du hast recht!"

„Ich kann dunkle Stimmungen aber brechen." Er betrachtet ihre Augen.

Er ist sich nicht sicher, ob er an Engel glauben soll oder nicht. Er denkt, sie könnte einer sein. Ausschließen will er deren Existenz nicht. Sie könnte ebenso keiner sein ... und schlimmer.

Sie sagt: „Ich sehe dein Licht. Es ist total stark."

Sie sagt: „Du hast Angst vor deinem Vater."

Er: „Woher weißt du das?"

Ein Lächeln von ihr.

Er erwidert: „Es stimmt. Beides stimmt."

Zwei breite, entblößte Zahnreihen.

Er sagt: „Du hast tolle Zähne."

„Sind sie zu groß?"

„Nein ..." Er stiert auf ihre riesigen Schneidezähne. „... mach mal weiter auf!"

Sie: „Was?"

Er: „Deinen Mund."

„Wieso?"

„Bitte! Weil ich deine Kauflächen sehen will."

„Wieso willst du meine Kauflächen sehen!?"

„So, halt."

Er denkt, sie macht nicht mit. Sie macht nicht alles mit.

Sie sieht ihn stumm an, mit geschlossenen Lippen. Dann nimmt sie einen Schluck von ihrem Hellen. Er zieht die Arme an den Körper. Er denkt, ich bin dämlich, komisch und seltsam. Und: ‚Es ist nicht so, wie es ist. Wir sind nicht gleich. Wir sind verschieden.'

Sie entschuldigt sich für einen Moment und geht ins Innere des Restaurants.

Der barsche Kellner geht an ihrem Tisch vorbei, als sie zurück ist, und blickt beide vorwurfsvoll an. Als der Kellner über die Türschwelle ins Innere des Lokals gehen will, fällt sein voll gestelltes Tablett zu Boden und unzählige Gläser und Teller zerschellen auf dem Asphalt.

„Siehst du! Das habe ich getan. Ich habe seine Macht gebrochen."

Darauf sie: „Du hast auch etwas sehr Dunkles."

„Ja. Aber ich benutze das Dunkle, um anderes Dunkel zu besiegen."

„Aber du solltest im Licht bleiben."

„Und du müsstest ein bisschen Dunkelheit zulassen!"

„Die ganze Welt ist schon dunkel – Ich will strahlen."

„Die Welt ist dunkel, tut aber hell. Deswegen müssen wir gegen ihre Helligkeit ... gegen ihre falsche Helligkeit vorgehen."

„Ach, mein Schriftsteller!!" Sie streicht mit ihren Fingerspitzen über seinen Daumen – was der Restaurantbesitzer sieht, der sogleich an ihrem Tisch erscheint. Er setzt sich neben sie und überreicht ihr eine DVD mit einem preisgekrönten türkischen Kinofilm mit englischen Untertiteln – wie er erklärt. Anscheinend hatte er sie angesprochen, als sie zwischendurch auf die Toilette gegangen war, was sie denn so mache, wenn sie nicht kellnert. Anscheinend hatte er erfahren, dass sie Dokumentarfilm studiert und gerade eine Dokumentation über Engel dreht; dass heißt, über Menschen, die mit Engeln in Kontakt stehen. Nachdem der Besitzer gegangen ist, sagt er: „Der weiß ja schon mehr als ich!"

„Er hat mich ja auch gefragt!"

„Aha."

„Was ist?"

„Nichts."

„Du!" Sie sieht ihn bedeutungsvoll an.

„Ja?" Er denkt, jetzt kommt etwas!

„Glaubst du, dass ich mit einer Entzündung im Mund rauchen darf?"

Sie zieht ihre Unterlippe nach unten und deutet mit dem kleinen Finger auf eine Stelle des Zahnfleischs. „Da!"

„Was ist da?"

„Siehst du es nicht?" Sie sieht ihn besorgt an.

„Nein, ich sehe nichts."

Sie zieht ihre Lippe weiter nach unten, kommt an ihn heran und öffnet weit ihre Augen.

„Da ist nichts ... absolut gar nichts. Vollkommen rotes, reines Zahnfleisch!"

„Ja?"

„Ja – keinerlei Veränderung der Oberflächenstruktur."

Nachdem sie beide den Türkischen Honig verspeist haben, beginnt sie von ihrem Dokumentarfilmprojekt zu erzählen. Sie hat schon zwei Personen, die sie filmen will und braucht noch eine dritte. Eine Freundin von ihr spielt mit, und eine Bekannte. Nur gibt es momentan Probleme mit einem Medium, dem sie die Teilnahme an ihrem Filmprojekt erst zugesagt und gestern abgesagt hat, weil sie es nicht in den Film passt. Das ist jetzt sauer, verständlicherweise.

Er: „Das wär' ich auch!"

Sie: „Ich weiß."

Drei Stunden später sitzen sie innen im Lokal. Der Besitzer hat sie hereingebeten, obwohl das Restaurant gerade schließt und die Kellner bereits dabei sind, die Abrechnung zu machen. Er hat ihnen zwei Helle gebracht, die er selbst gezapft und sehr gut eingeschenkt hat. Nun sitzt er ihnen in gerader Linie gegenüber, an der anderen Wandseite des Raumes, gelassen gegen die alte Holzwand gelehnt, mit einer ovalen, kleinen Gitarre, und zupft die Saiten und summt ab und an und sieht sie versonnen an. Sein Blick wechselt von ihm zu ihr, und von ihr zu ihm. Sie schweigen beide und sehen hinüber zu ihm. Sein Saitenspiel ist von großer Meisterschaft und er spielt leise und in langsamen Tempi. Als sie ihre Hand auf der Holzbank abstützt, legt er seine Hand auf ihre Hand.

Sie sagt: „Ich bin vollkommen glücklich."
Er sagt: „Ja." Und: „Der spielt unglaublich!"
Sie beginnt, mit ihrem Daumen zärtlich über seinen Handballen zu streichen und sie wagen beide sehr lange nicht, sich zu bewegen. Die Kellner sind unterdessen über die Belege und Geldscheine und Münzen gebeugt, und legen Stapel und schreiben Zahlen und rechnen zusammen.

Am nächsten Abend sitzen sie (wie oben bereits erwähnt) auf den Stufen der Antikensammlung am Königsplatz. Nach dem türkischen Restaurant hatte sie sich mit den Worten, „Es ist eigentlich komisch, wenn wir uns jetzt trennen!', verabschiedet, war flugs auf ihr Rad gestiegen und weggefahren. Der Königsplatz war ihre Idee. Sie wollte Bier mitbringen. Er hingegen stand lange vor seinem Expedit-Bücherregal und überlegte, welchen Roman er mitbringen könnte, um daraus zu lesen. Nicht Fitzgerald, nicht Hemingway, kein Bernhard, vielleicht Frisch, nein. – Nabokov! Den Russen. Den verträgt sie. Leicht! Nur womöglich vergleicht sie die Figur aus Nabokovs Kurzgeschichte mit sich selbst: Eine russische Schönheit, deretwegen sich jeder halbwegs vernünftige Junge eines russischen Dorfes aus Kummer erschießen will. Die dann aber abbaut, sich für keinen und nichts entscheiden kann und am Ende jung und unglücklich stirbt.
Nachdem er die Geschichte vorgelesen hat, auf den breiten, warmen Stufen der Antikensammlung, sieht sie ihn verunsichert an und fragt:
„Warum hast du mir diese Geschichte vorgelesen!?"
„Gefiel sie dir nicht?"
„Doch, doch."
„Aber?"
„Es hat einen bestimmten Grund, weswegen du diese Geschichte gelesen hast!"
„Ich ... ich weiß nicht. Es gibt keinen bestimmten Grund. Die Sprache ist Wahnsinn und das Erzähltempo rasant und genial!"

„Aber du last sie mir nicht grundlos vor! Bin ich das, dieses Mädchen?!"

„Weswegen solltest du das sein!"

„Weil ich auch nie glücklich werde. Und weil früher im Freibad die Jungs auch verrückt nach mir waren. Wenn ich ans Becken kam, stiegen alle aufs Vier-Meter-Brett und sprangen. Ich hatte natürlich schon einen krassen Körper, damals. Ich war irre braun. An den Schultern waren zwei schmale weiße Streifen von den Trägern meines Bikini-Tops. – Und nach dem Abi war so ein Jungstar vom Fußballclub 1860 München in mich verliebt und ich …"

Sie erzählt und erzählt und er sieht sie an und denkt, sie ist die Richtige!

Er hat das Gefühl, dass sie weiß, dass er das denkt. Sie ist witzig. Sie nimmt sich selbst nicht ganz ernst. Sie denkt nach. Sie ist neurotisch, nur ganz dezent. Und Künstlerin. Sie ist perfekt. Auch hat sie etwas leicht Verfahrenes und permanent Unruhiges.

„Warum siehst du mich so an?"

„Weil ich in deinen Augen reisen kann."

„Pass auf! Ich übernachtete mit meinen Eltern und meiner Schwester damals – ich war noch keine achtzehn – in einem Allgäuer Landhotel und hörte, dass das gesamte Team von 1860 auch in unserem Hotel abgestiegen war. Es drang irgendwie zu den Hotelgästen durch. Nicht einmal die Presse wusste davon. Also setzte ich mich am Abend allein an die Hotelbar und trank Spezi. Nach der sechsten Spezi begann der Alleinunterhalter, seine Anlage abzubauen und ich und der seltsame Typ hinter der Bar waren allein; als plötzlich fünf Jungs vom Team auftauchten und sich Drinks bestellten. Nach einer Weile bestellten sie auch für mich und begannen, mir Blondinen-Witze zu erzählen. Einer von ihnen wollte mich unbedingt aufs Zimmer mitnehmen, aber ich stellte mich quer. Als ich nach einigen Margaritas ausreichend betrunken war, ging ich mit und legte mich in ihrem Mehrbettzimmer auf die Matratze und alle lagen sie wie Sardinen neben mir und wagten nicht, mich zu berühren und erzählten mir, wie streng ihr Trainer sei. Und ich lag eingequetscht da - dann zeigten sie mir ihre Alkohol-Verstecke und erzählten bis in den Morgen Österreicher-Witze."

„Das war alles?"

„Ja."

„Aha?" Er sah ihr tief in die Augen und versuchte auszumachen, ob sie ebenso tief in seine sah. Sie schwieg und sah ihn lange an und sagte dann: „Wenn ich dich anschau', ist es, als nähme ich LSD."

„Mir geht es auch so."

„Du?"

„Ja?"

„Hast du dich in mich verliebt?"

„Ich weiß nicht."

„Ich glaube schon."

Er fasste ruckartig an ihren Nacken und griff ihr ins Haar. Es war immer noch warm und nur noch vereinzelt fuhren Taxis über das laute Kopfsteinpflaster des Königsplatzes. Sie öffneten zwei weitere Flaschenbiere und sie bat ihn, ihr eine Zigarette von seinem Tabak zu drehen. Er zog ein hauchdünnes Papierchen aus der winzigen Zigarettenpapierpackung und legte es auf die breite Kalksteinstufe. Es war vollkommen windstill. Dann öffnete er das Tabakpäckchen und nahm eine Portion Tabak zwischen Daumen und Zeigefinger. Dieses Häufchen positionierte er behutsam auf dem Zigarettenpapierchen, nahm das Ganze in beide Hände und begann zu drehen. Während des Drehens stieß er mit einem Finger gegen die dickeren Stellen des Röllchens, um den Tabak ebenmäßig auf der gesamten Länge des Papierchens zu verteilen. Dann befeuchtete er den Klebestreifen mit der Zungenspitze, drückte die Tabakrolle nochmals besonders fest zusammen und ließ den feuchten Klebefalz auf dem dünnen Papierchen aufliegen. Er riss die losen Tabakstränge ab, die von beiden Seiten abstanden, und überreichte ihr die Zigarette. Sie nahm sie behände an sich, und er entzündete ein Schwefelholz und gab ihr das Feuer. Sie rauchte drei Züge, bevor sie die Zigarette wortlos zwischen seine Finger setzte, wobei ihre Handinnenfläche kurz auf seiner Haut auflag. Er erfasste die Zigarette, nahm sie an seine Lippen und tat einen tiefen Zug.

„Wollen wir uns nicht irgendwo noch ein Bierchen holen?" Sie sah ihn fragend an. Kurz darauf stiegen sie auf ihre Räder und fuhren an der Alten Pinakothek vorbei und am Museum Brandhorst und bogen in die Türkenstraße ein. Es war weit nach Mitternacht und sämtliche Bars und Kneipen hatten bereits geschlossen. Sie kreuzten etliche kleine Straßen des Studentenviertels und fanden nichts, und während sie auf gleicher Höhe auf ihren Rädern fuhren, drehte sie ihren Kopf zu ihm und drehte ihn nicht weg und sah ihn an. Dabei lächelte sie. Er schaute immer wieder nach vorn und passte auf, dass sie in nichts hineinfuhr.

Schließlich entschieden sie, ins Glockenbachviertel zu fahren – vielleicht hatte da noch ein Kiosk geöffnet und sie konnten Bier kaufen und sich irgendwo im Freien hinsetzen. Er würde schon ein besonderes Plätzchen finden. Er dachte nach. Der Kiosk an der Reichenbachbrücke war noch geöffnet und sie kauften sich drei Augustiner-Helle und der schlanke, feminine Verkäufer lächelte sie an und als sie nach einer der Flaschen griff, ergriff dieser ihre Hand und sagte mit stark amerikanischem Akzent: „Das ist kalt!". Er hatte den für ihn unerfindlichen Impuls, ihm auch seine Hand hinzustrecken und der Kioskbetreiber fasste sie an und meinte: „Auch das ist kalt. Aber nicht so."

Sie wusste von einer Bank auf einem kleinen Platz vor dem Eingangstor zum Südlichen Friedhof und so fuhren sie dorthin und setzten sich und öffneten ihre Bierflaschen, und sie meinte:

„Etwas stimmt nicht bei uns beiden!"

„Was meinst du?"

„Du bist die ganze Zeit links neben mir auf dem Fahrrad gefahren."

„Und?"

„Also Mann-Frau-mäßig stimmt da etwas nicht."
„Und was?"
„Der Mann geht rechts neben der Frau, und die Frau ist links von ihm."
„Das stimmt nicht. Genau andersherum!"
„Gut! Dann beobachten wir ein paar Pärchen, die hier vorbeikommen und schauen, ob die verliebt sind und wie sie gehen."
„Von mir aus."
Sie lehnten sich zurück, streckten ihre Beine von sich und warteten, als plötzlich ein Pärchen hinter einer Häuserecke hervorkam und quer über den Platz ging.
„Die sind nicht verliebt", meinte er.
„Das sehe ich auch", entgegnete sie.
„Die gehen auch falsch."
„Nein. Sie gehen richtig."
„Dann müssten sie aber verliebt sein."
„Stimmt." Sie nickte. „Aber die passen trotzdem als Mann und Frau gut zusammen. Sie sind eben nicht mehr großartig verliebt. Vielleicht waren sie das mal."
Er warf seinen Kopf nach hinten und sah in den Nachthimmel und meinte dann sachlich: „Der Herr geht seit jeher links neben der Dame, um im Falle eines Angriffs mit seinem Schwert, das er in der Rechten hält, einen besseren Stand zur Verteidigung der Dame zu haben."
„Aber die Engel sagen etwas anderes. Ich habe sie eben gefragt."
„Ach, bitte!"
„Nein. Da passt etwas nicht. Bei uns."
„Wenn du meinst."
Sie saßen eine Weile stumm nebeneinander, bis sie sagte:
„Ich mag deine Hemden."
„Es sind Einhorn-Hemden." Er stierte auf den Boden.
„Du hast gestern auch schon so eins angehabt. Sind die teuer?"
„Allerdings –."
Sie fasste mit ihrer Hand auf seinen Bauch und befühlte den

feinen, dunkelvioletten Baumwollstoff. Dann begann sie, seinen Bauch zu streicheln, und er fasste in ihr Haar, und lehnte sich an sie und roch an ihrem Hinterkopf. Sie drückte ihre Wange an seinen Hals, und er hob ihren Kopf behutsam mit beiden Händen, bis sich ihre Wangen berührten. Sie drückte ihre Lippen leicht gegen seine Mundwinkel und wartete, dass seine Lippen ihre Lippen suchten. Einige Augenblicke vergingen und seine Lippen tasteten nach ihren Lippen und er küsste sie. Sie pressten ihre Oberkörper aneinander und hörten nicht auf, sich zu küssen. Irgendwann wich sie zurück und sagte: „Du!“

Und er: „Ja?“

„Frag mal das Universum, weswegen wir uns begegnet sind!“

„Ähm?“

„Frag es einfach!“

Und er: „Gut.“ Nach hinten gelehnt sah er in den sternenlosen Himmel und versuchte, sich zu konzentrieren.

Nach einer Weile frage sie: „Und?“

„Ich bekam keine Antwort.“

„Hm!“

Wieder fasste er mit seiner Hand an ihre Stirn und hob ihren Pony, um den feinen, flauschigen Haaransatz zu sehen und die feine, weiße Haut ihrer Stirn. Und wieder begannen sie, sich zu küssen. Sie küssten sich auf die Lippen. Weder er noch sie öffneten den Mund.

Er flüsterte leise:, „Sag meinen Namen.“

Und dann wieder: „Sag meinen Namen!“

Ein Betrunkener ging schwankenden Schrittes dicht an ihnen vorbei und brabbelte irgendetwas vor sich hin, und sie meinte:

„Ich bin jetzt müde. Ich will heim.“

Er sah auf die Uhr und erwiderte: „Es ist vier Uhr! Das gibt’s doch gar nicht.“

„Begleitest du mich heim?“

„Ja, natürlich!“

Sie standen genau zeitgleich auf und er stellte die leeren Flaschen neben die Friedhofsmauer und sagte laut: „Für die Flaschensammler."

Sie lächelt ihn an und kommt auf ihn zu und drückt ihren langen Körper gegen seinen und küsst ihn wieder und beginnt, seinen Rücken und seine Arme und seine Schultern anzufassen. Sie stehen eine halbe Stunde vor dem Friedhofstor und umarmen und küssen sich. Er denkt, ‚Es ist wie nichts zuvor!', und: ‚Ich sterbe!' Er hat das Gefühl, sie stünden nicht, sondern lägen, und es sei Tag.

Auf dem Rad, auf dem Heimweg, beginnt sie wieder, ihn permanent anzustrahlen, mit geduckten Schultern und er sieht ihre weißen Zähne und ihre großen, frechen Schneidezähne und lächelt ebenfalls und sagt: „Pass auf! Da vorn kommt ein Schild."

„Du brauchst dir keine Sorgen um mich zu machen! Warum sorgst du dich immer um mich?"

Im Innenhof ihres großen Mietshauses in der Nähe des Gotzinger Platzes steigen sie von ihren Rädern und lassen sie auf den Boden fallen, um sich gleich wieder zu umarmen und zu umfassen. Und sie umschlingen sich fester und fester und stehen dort noch mal zwanzig Minuten, ohne sich von der Stelle zu bewegen, und er streift mit seinen Händen ihren Rücken herab und fasst ihren Po an, und ihre Räder liegen neben ihnen wie zwei Symbole für Unendlichkeit.

Im ersten Stock geht Licht an und die Stimme eines alten Mannes räuspert sich und beginnt zu husten und zu würgen. Kurz darauf brüllt in den oberen Stockwerken ein Baby und sein Schrei hallt grell durch den dunklen, hohen Innenhof.

Da zieht sie ihren Kopf zurück und lacht auf und meint:

„Was war das!"

Er erschrickt. „Was?"

„Ja, hast du's nicht gehört?! Das war doch ganz eindeutig!"

„Was!"

„Erst der alte Mann und dann das Baby. Das war schrecklich. Es passt nicht. Es passt was nicht, zwischen uns."

Er sieht auf die beiden auf dem Boden liegenden Fahrräder und erwidert nichts.

„Ich geh' jetzt hoch. Du! Tschüs. Mach's gut."

„Ja, Tschüs."

Und sie hebt ihr Fahrrad vom Boden auf und lächelt ihn ein letztes Mal an, zuckt unmerklich mit den Schultern, und er sieht, wie sie mit ihrem Rad in der Dunkelheit eines langen Eingangsflurs verschwindet.

Mehr Infos unter

Rückkehrer

Der Raum ist gemütlich eingerichtet. Neben dem Doppelbett steht ein niedriger Sekretär mit volkstümlich bemalten Schubladen und einer neuen Tischlampe. Auf der Ablagefläche an die achtzig Boulevardmagazine auf schiefen Stapeln, die sich gegenseitig stützen. Der Ton eines kleinen quadratischen Telefunken-Fernsehers, der auf einem selbst gezimmerten Hocker gegen den Sekretär lehnt, beherrscht den sonst halllosen Raum. In der Zimmerecke über dem Bett hängt an einem Drahtseil und einem Nagel ein Topf mit Efeu, dessen unteres Drittel an Blättern bereits vergilbt ist. Die Messing-Gießkanne mit dem ledernen Griff und dem äußerst dünnen Kannenhals liegt umgeworfen unter dem Bett.

Er kommt herein. Sie liegt rücklings auf dem Bett, die Finger der rechten Hand ausgespreizt auf ihrem Bauch, bläst die Backen auf und stößt die Luft in kurzen Abständen durch ihre gespitzten Lippen. Er setzt sich auf die äußerste Kante des Bettendes und betrachtet das große Bildposter mit der Aufschrift `Santorini by night´ an der gegenüberliegenden Wand. Sie blickt unverwandt zur Decke.

„Ich weiß, ich bin zu spät."

„Vierunddreißig Minuten."

„Wir hatten einen Systemausfall. Die gesamte Abteilung durfte vier Stunden Daumendrehen!"

„Du lügst." Sie bläst ihre Backen besonders dick auf und atmet nicht aus.

„Ich habe was dabei. Ich habe dir etwas mitgebracht."

„Wenn du das noch einmal machst, hänge ich mich auf!" Sie trommelt mit beiden Händen auf die Matratze ein, reißt ihre Augen weit auf und schreit wie am Spieß.

Er wirft sich auf ihre Beine, umgreift sie mit beiden Armen

und drückt sie gegen seine Brust. Nach einer Minute ist sie still.

„Du weißt doch, dass ich in den letzten fünf Jahren nur dreimal zu spät gekommen bin. Das weißt du! Wir führen doch Buch."

„Ihr hattet keinen Systemausfall! Du lügst."

„Ich habe etwas dabei." Er lässt ihre Beine los, steht auf und geht zu einer weißen Plastiktüte.

„Ich kenne deine weiße Plastiktüte!"

Er holt ein großes, quadratisches Buch mit broschiertem Einband in weinroter Farbe aus der Tüte hervor. Vorsichtig wirft er es auf ihr Bett. Auf dem Cover ein einzelnes japanisches Schriftzeichen.

„Da ist noch etwas in deiner Tüte!"

„Ich weiß."

„Was ist das?"

„Schau erst mal, was ich dir aufs Bett gelegt habe."

„Du hast es nicht hingelegt, sondern hingeschmissen."

„Jetzt hör auf, bitte. Du hast mir wirklich Angst gemacht eben."

Sie schließt ihre Augen und tastet mehrmals ins Leere auf der Matratze, bevor sie das Buch zu fassen bekommt. Abrupt öffnet sie ihre Augen, starrt an die Decke und schreit: „Sudoku!" Er streift seine abgetragenen, hellgrünen Mokassins ab und setzt sich im Schneidersitz neben sie aufs Bett. Sie schlägt den Band in der Mitte auf und legt ihn sich aufgeschlagen übers Gesicht.

Laut: „Ich liebe Sudoku!"

Nach einem leisen Seufzer beginnt er, mit seiner Hand über ihr Knie zu streichen. Dann greift seine Hand auf ihren Oberschenkel und streicht über den rauen Jeansstoff bis zur Hüfte.

„Hast du deine Übungen gemacht?"

„Ja. Ich habe den Schmetterling gemacht, den Fliegenden Stockholmer und die Kreuzschere."

„Wie oft?"

„Oft genug. – Willst du etwa sagen, dass ich dicker geworden bin?!"

Er tippelt mit dem Zeigefinger auf ihre Kniescheibe. „Du bekommst jeden Tag die exakt gleiche Kalorienmenge und wenn du deine Übungen in der vorgegebenen Zeit machst, dürftest du nicht zugenommen haben."

„Ich habe sie gemacht."

„Ich glaube dir ja!"

„Nein. Das tust du nicht."

„Existiert ein Grund, es nicht zu glauben?" Er legt sich längsseitig neben sie und nimmt das Buch von ihrem Gesicht. „Ich bin froh, wenn du glücklich bist. Das vorher war grässlich. Das machst du nicht mehr!" Er liegt neben ihr, ohne sie zu berühren und fragt: „Bist du mein Hase?"

„Nein".

Er fasst zögernd an ihr Ohr und beginnt, es sachte zu kneten. „Bist du jetzt mein Hase?"

Sie erwidert: „Sudoku."

Darauf er: „Seit drei Stunden steht der Mond im Schütze-Haus! Ich spüre das am ganzen Körper. Die letzten zwei Tage waren furchtbar. Merkur rotierte. Aber jetzt gibt es einen Transit."

„Ich weiß, was du in der Tüte hast."

Er sieht sie fragend an.

„Ein neues Dessous."

„Woher weißt du das!?"

„Wegen deinem Merkur-, Saturn- und Mondgequatsche. Du kannst dich doch sicher noch an unser letztes Mal erinnern?!"

Er lässt ihr Ohr los.

„Und an unser vorletztes Mal."

„Eine Konstellation wie heute gibt es nur alle paar Schaltjahre. Außerdem befinden wir uns im Tür-Jahr. Die Öffnung zu einer neuen Epoche steht bevor. Spürst du gar nichts?"

„Ich erinnere mich, was ich bei unserem letzten Mal gespürt habe!"

„Soll ich es dir mal zeigen!?"

„Es ist rot."

Er hält inne. „Aber es ist nicht das übliche Rot."

„Rot ist rot."

„Nein. Es ist dunkler als die anderen. Es ist einen Tick brauner."

„Hol es."

Mit Schwung drückt er sich von der Matratze hoch und landet auf beiden Beinen. Er geht zu der Wand, an der die Tüte steht. Unmittelbar neben der weißen Plastiktüte befindet sich eine niedrige Kommode, auf der eine hohe, weiße Kaffeemaschine steht, eine fransig aufgerissene Filtertütenpackung und eine abgegriffene, mit indianischen Schnitzmustern verzierte, dunkelbraune Holzschatulle, wie man sie häufig auf Flohmärkten findet. Über der Kommode hängt eine Schwarzwälder Kuckucksuhr, deren Zeiger auf die Sekunde genau eingestellt sind und die jede Viertelstunde einen rotäugigen Plastikkuckuck herausschnellen und kurze, gellende Schreie tun lässt. Als er die Tüte öffnet und das Geschenk herausholt, öffnet sich das Türchen und der Kuckuck ruft sechsmal. Er wirft einen vergleichenden Blick auf seine Digitaluhr, die über Funk mit einer Atomzeituhr verbunden ist. Als sie das sieht, ruft sie: „Kuckuck."

Er: „Pass nur auf! Jetzt kommt gleich der Kuckuck."

Sie wieder: „Kuckuck."

Den flachen, grünen Karton in beiden Händen, setzt er sich wieder auf die Bettkante. Er öffnet die Schachtel und streicht langsam über den feinen, kirschroten Stoff. Dann zieht er den Einteiler aus der Plastikklammer und riecht an ihm. Sie dreht sich schlagartig um die eigene Achse, reißt ihm das Dessous aus den Händen und beginnt, die feine Spitze mit den Zähnen zu zerbeißen. Er schreit und versucht, ihr die Lingerie zu entreißen. Sie prügelt mit einer Hand auf ihn ein, während sie mit der anderen das Wäschestück, das sie zwischen ihre Zähne geklemmt hat, weiter einreißt. Er erhascht ein zerfranstes Stück und drückt es mit beiden Händen an seine Nase, kauert sich zusammen und beginnt, stoßweise zu wimmern. Sie spuckt die Reste des Einteilers aus dem Mund und schlägt mit einer Hand weiter auf seine eingezogenen Schultern ein. Irgendwann liegen beide ruhig und regungslos nebeneinander und atmen tief und laut im gleichen Takt.

Plötzlich ruft sie: „Kuckuck."

Er streckt seinen Oberkörper weit und lange aus.

Sie sagt: „Passen Widder und Steinbock überhaupt zusammen?"

Lange keine Antwort. Dann: „Eigentlich nicht; aber da du im Waage-Mond geboren bist und ich im Löwe-Sprung, haben wir auf der Gefühlsebene die perfekte Harmonie."

Sie: „Wie war das Wetter heute?"

Er: „Relativ."

Sie: „Wie relativ?"

„Relativ gut."

„Aha!"

„Aha!!"

„Bleibst du heute Nacht hier?"

„Ich weiß nicht. Nein. Ich werde wieder gehen."

„Du bleibst da."

„Nein."

„Bleib, bitte. Ich halte das nicht aus, sonst."

„Du hast es kaputt gemacht. Ich möchte gehen, bitte."

„Was ist los mit dir?"

„Du kannst fernsehen. Bitte ... ich will ... lass mich gehen."

„Komm zu mir!" Sie schmiegt sich von hinten an seinen Rücken und bläst ihm leicht ins Haar. „Mach den Fernseher aus."

Er: „Wirklich?"

Sie: „Ja." Sie reicht ihm die Fernbedienung und sieht ihn an. Fragend hebt er die Augenbrauen, betrachtet die Fernbedienung lange und drückt dann den Off-Knopf. Sie streicht ihm übers Haar und beginnt, ihre Bluse aufzuknöpfen. Den Rücken ihr zugewandt, zieht er sein linkes Bein ganz an seinen Körper und denkt nach. Sie drückt ihre Brüste gegen seinen Rücken, umgreift ihn mit beiden Armen und beginnt, sein Hemd aufzuknöpfen.

Er hält seinen Atem an.

Dann: „Warum lässt du mich nicht gehen!?"

Sie kämpft mit einem Knopf, der nicht aufgehen will und schließlich abfällt. Seine Finger greifen suchend nach dem Hemdknopf und erfassen ihn unterhalb des Kopfkissens. Er dreht ihn mehrmals zwischen seinen Fingern, betrachtet ihn und schluckt ihn schließlich hinunter.

Sie schreit unvermittelt: „Du stirbst. Jetzt musst du sterben." Sie schlägt auf seinen Rücken ein und ruft: „Spuck ihn aus! Du musst ihn ausspucken. Wenn du stirbst, muss ich auch sterben."

Sie bringt ihn in Sitzlage, öffnet seinen Mund und greift mit beiden Händen hinein. Unfähig, etwas zu sagen, packt er ihre Handgelenke und zieht ihre Finger aus seinem Mund.

„Du spinnst. Du bist wirklich verrückt. Niemand stirbt von einem Knopf, den er heruntergeschluckt hat. Meine Tante verschluckte als kleines Mädchen zweiunddreißig Knöpfe neben der Nähmaschine meines Großvaters und nichts ist ihr passiert."

„Zweiunddreißig??"

„Meine Großmutter hat sie gezählt."

„In der Scheiße?" Sie wirft ihren Kopf nach hinten und lacht laut auf.

„Ja, in der Scheiße."

Langsam wiederholt sie seinen Satz und wälzt sich auf dem Bett. Da beginnt auch er, zu lachen und lässt seinen Körper nach hinten auf die Matratze fallen. Lachend liegen sie nebeneinander und sehen sich an.

Er sagt: „Zweiunddreißig beschissene Knöpfe!"

Sie lacht noch lauter und schlägt mit der Faust auf die Matratze.

Dann Stille.

„Bleibst du hier?"

„Vielleicht."

„Es kommt ein geiler Film um halb elf."

„Welcher?"

„Horror."

„Ich mag keinen Horror. Das weißt du."

„Es ist japanischer Horror. In der Kritik steht, das Grauen läuft unterbewusst ab. Der Regisseur hat mehrere Preise bekommen für den Film."
„Wir können ja mal reinschauen. Aber wenn er nichts ist, musst du mir versprechen, dass wir umschalten."
„Aber es läuft nichts sonst."
„Vorgestern mussten wir diesen skandinavischen Thriller bis zum Ende anschauen, obwohl er nicht gut war."
„Der Film war nicht so schlecht und das Ende genial."

Mit einem sicheren Griff erfasst er die Fernbedienung und schaltet das Gerät ein. Sie wirft sich ihre Bluse über und knöpft sie automatisch zu. Er drückt durch die verschiedenen Kanäle und kann sich lange für kein Programm entscheiden. Schließlich sieht er: ‚Mein neues Leben XXL'. Eine deutsche Familie mit vier Kindern wickelt stillschweigend Tassen in Zeitungspapier. Der jüngste Sohn ruft in die angespannte Stille: „Ich will nicht nach Oslo!" Sein älterer Bruder beschwichtigt: „Du bekommst das größte Zimmer von uns allen."
„Ich weiß nicht, was dir an dieser Sendung gefällt?!"
„Nichts."
„Warum schauen wir dann jeden Abend ‚Mein neues Leben XXL'?"
„Weil ich zusehen will, wie sie im Ausland scheitern. Die können die Sprache nicht, wissen nicht, ob sie überhaupt eine Wohnung bekommen und haben das Land nie vorher gesehen. Das ist einfach der Witz. Es ist so was von Idiotisch."
„Aber du schaust es." Sie sieht ihn mit heruntergezogenen Mundwinkeln an und ahmt die Kinderstimme aus der Sendung nach: „Ich will auch ein größeres Zimmer. Du hast es mir versprochen."
„Ich renoviere noch."
„Das sagst du immer." Sie schlägt mit der Hand leicht auf seinen Bauch und legt ihren Kopf auf seine Brust.

Als die Sendung durch einen Werbeblock unterbrochen wird, meint sie beiläufig:

„Du kannst ruhig gehen. Es ist okay, wenn du gehst."

Er streicht mit seinen Fingern über ihre Schläfen: „Wirklich?!"

„Ja, ganz ehrlich. Ich schaue mir lieber meinen Horrorfilm allein an. Du kannst oben fernsehen und deine speziellen Sendungen anschauen."

Zaghaft nimmt er ihre Hand von seinem Bauch und legt sie neben sich auf die Matratze: „Wenn du meinst ... gut ... ich gehe nach oben."

Er sammelt die roten Stofffetzen zusammen, die verstreut auf dem Bett liegen, und setzt sich nochmals auf die Bettkante. Mit beiden Händen drückt er die Fetzen zu einem Knäuel und formt dieses zu einem Ball, den er zwischen den Handflächen rollen kann. Er wirft ihn in die Luft und fängt ihn auf. Dann gibt er ihr einen Kuss auf die Stirn und steht auf. Er nimmt die Plastiktüte, wirft das rote Knäuel hinein und drückt außerordentlich achtsam die Klinke der Zimmertür nach unten. Fast schwunghaft tritt er über die Türschwelle und zieht die schwere, alte Eisentür hinter sich ins Schloss. Dann beginnt er, vier dicke Metallriegel vor die Tür zu schieben und vergewissert sich mit einem geübten Handgriff nochmals der Verlässlichkeit seiner Vorkehrungen. Schließlich steigt er eine schmale, steinerne Kellertreppe hinauf, über die er sie vor fünf Jahren, nachdem er sie in der Nacht an einer Bushaltestelle überwältigt hatte, hinuntergezerrt und in dem Zimmer eingeschlossen hatte.

Nymphenburger Porzellan

„Maximilian, kannst du mal eben die Breze von Tia halten? Ich muss Tia den Pulli ausziehen. Sie schwitzt sonst und... Tia!, halt, warte! Ich muss dir den Pulli ausziehen. Das kannst du noch nicht allein. Maximilian, bitte komm und halte ihre Breze, sonst wirft sie sie in den Sand. Tia! Halt mal still, bitte. Ich werde dir jetzt deinen Pulli ausziehen, sonst schwitzt du nachher bei dem Geburtstagsspiel, das sehr anstrengend wird, und bist morgen krank. Komm, gib Max deine Breze. Du musst sie kurz weggeben, sonst kann ich dir den Pulli nicht ausziehen. Das verstehst du doch. Nein, Max!, reiß ihr nicht einfach die Breze aus der Hand. Sie weint sonst."

In einer ruhigen Ecke des Nymphenburger Schlossparks spannt derweil ihr Mann, ein Komponist, der vorwiegend Filmmusik für Fernsehserien schreibt, eine Schnur zwischen zwei Stämmen auf, um daran eine Reihe kandierter Trockenfrüchte aus biologischem Anbau aufzuhängen. Er pfeift.

„Ach, schau mal, Max, da kommt dein Freund Ferdinand mit seiner Mutti." Die junge, attraktive Frau des Komponisten zeigt auf zwei weit entfernte Gestalten, die eben dabei sind, die große Fontäne in der Mitte des Schlossparks zu umrunden. Die Tagesmutter von Tia legt währenddessen eine große Decke mit Burberry-Muster aus, auf der sie eine Auswahl selbstgemachter Salate und Vortags in den ‚Großmarkthallen' erworbener italienischer Antipasti in Tupperware-Schüsseln auslegt. Dazu Plastiklöffel und Pappteller.

Dreißig Minuten später: Sieben Kinder, vier Mütter, blauer Himmel, der Komponist erklärt das Spiel. Und los! Hände auf den Rücken und nach den Früchten springen!

Nach zwei Minuten: Stopp! Der Komponist schreitet ein.

„Ihr müsst ein bisschen die Kleinen vorlassen. Die haben noch gar keine Früchte bekommen. Komm mal her, Ferdinand. Schau mal. Es geht so." Der Komponist geht in die Hocke, verschränkt seine Hände auf dem Rücken und beginnt, nach einer Frucht zu springen. Die Kinder schauen.

„Ferdinand! Du musst zubeißen, wenn du auf Höhe der Frucht bist, verstehst du?"

„Nein." Ferdinand schaut ihn mit hochgezogenen Augenbrauen an. Der Komponist hält den Zeigefinger vor seinen Mund, hüpft und beißt dann zu.

„Siehst du! Mein Zeigefinger ist die Frucht. Versuchen wir´s noch mal!"

Nach drei Minuten: „Halt! Ferdinand hat noch keine einzige Frucht bekommen. Wir lassen Ferdinand mal allein springen." Der kleingewachsene, blasse Junge stellt sich unter die Leine und fängt an zu springen.

„So geht das nicht." Der Komponist versucht, die Schnur ein wenig zu lockern.

„Jetzt spring!" Die Kinder schauen.

Kurz darauf entfernt der hochgewachsene, blondlockige Komponist vorsichtig eine der Trockenfrüchte und hält sie an einer Schnur über Ferdinands Kopf: „Jetzt noch mal!" Ein Kind lacht. Der Komponist lässt die kandierte Feige tiefer und tiefer herab. Bis sie dem Jungen praktisch in den Mund hängt. Mittlerweile springt der aber nur noch mechanisch auf und ab und öffnet fischartig den Mund. Die Kinder schauen zu.

„Wer ist dafür, dass Ferdinand die Frucht in die Hand nehmen und essen darf?"

Ein Mädchen ruft: „Das ist unfair!"

„Ferdinand ist der Kleinste von euch. Da kann er nichts dafür. Niemand kann etwas dafür, wenn er klein ist."

„Doch", widerspricht Max.

„Wie kommst du denn auf so etwas, Max?"

„Ferdinand ist ein kleiner Stumpel. Der ist zu doof zum Springen."

„Max! Jetzt bist du aber unfair."

„Nein. – Du hast ihm zehnmal gezeigt, wie das geht und er kann's immer noch nicht. Das ist reine Blödheit." Die Kinder lachen laut.

Der Komponist nimmt die Trockenfrucht, drückt Ferdinand aufs Kinn und schiebt sie dem kleinen Jungen in den Mund. Max geht daraufhin auf seinen Vater los und trommelt mit beiden Händen auf ihn ein. Die anderen Kinder beginnen, die restlichen Früchte mit den Händen von der Leine zu reißen und sich in den Mund zu stopfen. Ferdinand spuckt die Feige wieder aus und rennt schreiend zu seiner Mutter: „Aaaaah!"

„Was ist, Ferdl?"

„Aaaaaah!"

„Was ist denn?"

„Ich will nach Hause."

„Das ist die Geburtstagsfeier von deinem Freund Max, alle haben sich total Mühe gegeben und sein Vater hat tolle Spiele für euch vorbereitet und du hast jetzt keine Lust mehr, dabei zu sein!"

Die Frau des Komponisten greift ein: „Du, Ferdinand! Wir haben auch einen Schatz versteckt, hier im Park."

Der Junge sieht sie an: „Was für einen Schatz?"

„Einen echten Schatz!"

„Wo ist der?"

„Den suchen wir nachher gemeinsam."

„Max ist ein Arschloch. "

„Bitte!, Ferdinand." Seine Mutter sieht ihn an.

„Ich hasse den."

„Aber weswegen?"

„Weil er mich gehauen hat und auf mich gespuckt auch."

Die beiden Mütter lachen und Ferdinands Mutter streicht ihm liebevoll übers Haar.

Während sich die Kinder allmählich auf der ausgebreiteten Decke zusammenfinden und die Tagesmutter ihnen beim Befüllen ihrer Pappteller zur Hand geht, ist der Komponist hinter einer Reihe von Büschen verschwunden. Die bereits ältere Tagesmutter spricht in einem schroffen, aber ruhigen Ton mit den Kindern. Ihre Stimme klingt rauchig, sie hustet oft. Unverkennbar: der stark bayerische, Münchner Akzent. Und: Alles verläuft nach Plan. Die Kinder wirken zufrieden, essen und reden kaum miteinander. Als der Tagesmutter ein Teller mit Couscous auf den Boden fällt, entweicht ihr ein ‚Scheiße!'.

Die kleine Tia, die noch nicht sprechen kann, sagt, „Schaaise“ und lächelt mit verschmiertem Mund und engelhaftem Gesicht.

„Tia sagte eben ein Wort!“ Ihre Mutter ist begeistert.

„Schaaise“, wiederholt Tia.

Zwei der Jungen beginnen, laut ‚Scheiße, Scheiße, Scheiße' zu rufen und zu lachen. Eine der Mütter greift ein: „Habt ihr keinen Hunger mehr? Sollen wir das nächste Spiel spielen?“

Daraufhin: „Scheiße, Scheiße, Scheiße ...“ Nun schreien auch die Mädchen.

Die Mutter des Geburtstagskindes ruft energisch nach ihrem Mann, dem Komponisten: „Nun komm doch endlich. Wir müssen das nächste Spiel beginnen! Bist du noch nicht fertig!“

Ferdinand meint plötzlich: „Der versteckt den Schatz.“

Darauf werfen alle ihre Pappteller auf den Boden und rennen in Richtung der Büsche. Nur die kleine Tia bleibt sitzen, brabbelt „Schaaise, Schaaise“, und schiebt den verschmutzten Couscous und kleine Laubblätter in ihren Mund. Als die Vorhut der Jungen hinter den Büschen ankommt, sehen sie, wie der Komponist gerade eine Stelle am Boden mit Laub bestreut. Sein Sohn Max stürzt sich bäuchlings auf den Laubhaufen, durchwühlt ihn und ergreift eine achteckige Messingdose. Als er gerade den Deckel aufreißen möchte, kommt ihm sein Vater zuvor, und drückt die Dose mit beiden Händen zu.

„Ach, Max. Das ist unfair!“

„Du bist auch unfair!“

„Das sollte eine Schatzsuche werden. Ich habe im ganzen Park

Zettel und Hinweise und kleine Karten versteckt. Ich bin echt enttäuscht, jetzt."

„Nein, Papa. Der Schatz ist gut. Ich nehm' ihn schon." Er sieht ihn ernsthaft an.

Der Komponist nimmt die Dose behutsam an sich und improvisiert: „Wer als erster von euch um den Baum da vorn rennt und wieder hier ankommt, bekommt den Inhalt."

Die Kinder stürzen Richtung Kastanie. Eines der Mädchen, Louise, fällt und wird von Max überrannt. Sie schreit. Der Komponist rennt los und hilft ihr vom Boden auf. Er ruft: „Halt, Leute, halt! So geht das nicht."

Aus den Augenwinkeln sieht er den kritischen Blick seiner Ehefrau, die zusammen mit den anderen Frauen und der Tagesmutter die umgeworfenen Pappteller, Behältnisse, Chicoree-Blätter, Couscous-Bällchen und selbstgebackenen Muffins zusammensammelt und mindestens die Hälfte davon in einem blauen Plastiksack verschwinden lässt. Seine Frau bemüht sich, die Pappteller und Plastiklöffel in einer gesonderten Tüte zu entsorgen.

Die Kinder rennen in sämtliche Richtungen des Parks davon, brüllen und Max ruft: „Terroristen! Wir müssen die Terroristen töten. Sie haben das Flugzeug entführt. Schnell, Ferdinand! Hol deine Pump-Gun raus. Die haben eine Bombe. Die Bombe geht gleich los."

Ferdinand beginnt, mit einer Weidenrute auf den Baumstamm der alten Kastanie einzuschlagen und schreit: „Hier ist ein Terrorist. Ich habe ihn gefangen. Er kann nicht mehr weg." Louise nähert sich derweil dem kleinen, trüben Teich in der Mitte der Wiese und steigt mit einem Bein ins Wasser.

Der Komponist improvisiert neu. „Hey, hallo, ich bin der Bär. Ich bin der große Bär. Ich kann euch alle hochheben und durch die Luft wirbeln."

Als keines der Kinder aufhorcht, macht er laute Brüllgeräusche, fuchtelt mit den Armen und kratzt mit gespreizten Fingern wie mit Klauen in die Luft. „Hoar, hoar, grrrrrrr.“ Eines der Mädchen beginnt, an ihm hochzuspringen. Er hebt es nach oben und wirbelt es an seinen Händen mehrmals um die eigene Achse. Dann trägt er das Mädchen unter seinem linken Arm brüllend zum Teich, in den das andere Mädchen bereits mit beiden Beinen gestiegen ist.

Er schreit: „Bären hassen Wasser, bruh. Das Wasser ist nicht gut, buruh!“

Tatsächlich wendet sich Louise um, steigt aus dem Teichwasser und schreit: „Böser Bär, heb mich auch mal hoch!“ Der packt beide Mädchen unter den Arm und beginnt, immer lauter zu schreien und zu brüllen. Mit den kichernden Mädchen unter beiden Armen geht er stampfend zu der Gruppe der Jungen, die mittlerweile sämtlich auf die alte Kastanie einschlagen.

Zur gleichen Zeit: Die kleine Tia torkelt in ihrem bauschigen Hochzeitskleidchen versonnen über die Wiese. Die Frauen haben einen Kreis geformt und reden. Die Tagesmutter raucht mit zittrigen Händen eine Zigarette hinter einem Bretterverschlag. Die Park-Eichhörnchen balzen. Ein Eichelhäher stößt Warnrufe aus. Winzige rote Ameisen übermitteln durch Duftsekrete die Größe, Beschaffenheit und Lage eines Muffinstückchens. Das erste Herbstlaubblatt löst sich von der alten Kastanie. Die Tagesmutter drückt ihre erloschene Zigarette in eine Bretterfuge. Zwei Ameisen beginnen, die ersten Krümel Richtung Nest zu tragen. Die kleine Tia stolpert. Der Eichelhäher fliegt auf. Das Laubblatt der alten Kastanie kommt auf der Erde auf.

Irgendwann kommt die kleine Tia bei der Gruppe der Frauen an und zieht an einer beliebigen Jeans. Die Mutter von Ferdinand wendet sich um.

„Tia! Tia! Was gibt’s denn?“ Sie geht in die Hocke und betrachtet ungläubig das offene Lächeln und die hellblau leuchtenden Augen des Kindes.

„Welt unter.“

„Was?“, fragt die Mutter in herzlichem Ton.

„Bald Welt ...“

„Du hast da was an deinem Mundwinkel, Tia!“ Behutsam entfernt sie ein kleines Blatt aus ihrem Mundwinkel.

„Bald Welt untergeh’n.“

Die Mutter wendet sich den anderen zu: „Sie ist ein so furchtbar hübsches Kind. Ich kann es manchmal gar nicht fassen!“

Fünf Minuten zuvor:

Die Jungen schlagen mit ihren Stöcken und Ruten gegen die Beine des Komponisten. Er schreit, „Boooaaah, boooaaah, Schmerzen ...“, und hievt die beiden Mädchen auf den Boden zurück. Nun geht er in die Knie und beginnt, auf allen Vieren um den Stamm der alten Kastanie zu springen, während er knurrt und grunzt.

Die Jungen springen ihm hinterher und Max brüllt: „Wir müssen den Schweinebären kaltmachen.“ Sein Vater richtet sich am Stamm des Baumes auf, kratzt an der Rinde und grunzt nun noch lauter. Ferdinand wiederholt enthusiastisch: „... der Schweinebär, der Schweinebär!“, und schmiegt sich an das Bein des Komponisten. Als Max das sieht, reißt er ihn los und meint: „Du darfst das nicht machen. Der Schweinebär ist verseucht. Er hat Schweinegrippe! Töte ihn!“ Er hält Ferdinand einen besonders großen Stock hin. „Töte den Schweinebären!“

Ferdinand ergreift den Stock widerwillig und blickt Max unglücklich an. „Mach es jetzt! Sonst sind wir bald alle verseucht!“ In diesem Moment lässt sich der Komponist nach hinten fallen und bleibt rücklings, die Arme weit von sich gestreckt, regungslos auf dem Boden liegen.

„Jetzt ist er tot!“ Ferdinand beginnt zu weinen.

„Nein!“, schreit Max, stürzt sich auf seinen Vater und trommelt mit beiden Händen auf ihn ein. Der rührt sich nicht.

„Papa?“, fragt Max verängstigt.

Ferdinand brüllt wie wahnsinnig: „Er ist tot!“

Die Jungen und Mädchen rennen schreiend über die grüne

Wiese zur Gruppe der Frauen. Dort angekommen, schluchzt Max: „Papa ist tot. Wir haben ihn getötet."

„Was meinst du, Max?"

„Er war ein Schweinebär und krank und wir haben ihn getötet – Ferdinand hat es getan."

„Ist schon gut", beschwichtigt die Frau des Komponisten. „Ihr legt euch ein bisschen auf die Tagesdecke und macht einen Mittagsschlaf. Ihr seid alle ganz ausgepowert. Und Max, du schwitzt schon wieder so."

Max zerrt am Arm seiner Mutter und deutet mit dem Finger zu der alten Kastanie. „Mein Gott!!" Die Frau des Komponisten schreit auf und rennt los. Die Kinder hinterher.

Dreißig Minuten später.

Die Mutter von Ferdinand und die Frau des Komponisten schreien sich aus nächster Nähe an. Louise und Sofia wimmern verzagt. Max wird von seinem Vater gewaltsam auf sein Kinderrad gehievt und angewiesen, Richtung Parkausgang zu fahren. Die Tagesmutter packt fieberhaft ein.

Der Komponist wiegelt ab: „Es war nur ein Scherz. Meine Güte! Ich bitte dich."

Ferdinands Mutter entrüstet: „Mein Sohn dachte ernsthaft, er hätte dich getötet. Das ist ein Trauma!"

Die Frau des Komponisten herrscht ihn an: „Lass es!"

Er brüllt zurück: „Ich bin doch kein Idiot! Das ist unter meinem Niveau."

Max und Ferdinand stehen weit abseits hinter einem breiten Eichenstamm und umarmen sich kameradschaftlich.

Die Mutter von Ferdinand meint: „So etwas wird sowieso nicht mehr vorkommen. Eure Familie existiert nicht mehr für uns. Auch Max nicht."

Sie ruft mit ihrer hohen, schwachen Stimme gellend nach ihrem Sohn, während sie seine Spielsachen in große, kartonierte

Einkauftaschen mit den Aufdrucken ‚Dallmayr' und ‚Loden-Frey' stopft und dann im Anhänger ihres Rades verstaut.

Zur gleichen Zeit wirft die Tagesmutter einen prüfenden Blick auf ihr Handydisplay und redet laut mit sich selbst: „Dea is doch ned tot. Dea is bumberlgsund. Aber manche san neben am Hirn au no blöd!"

Im gleichen Moment sackt die kleine Tia in sich zusammen und bleibt im Schneidersitz selbstgenügsam auf dem Kiesweg sitzen. Sie schaut an ihrer Mutter hoch und meint: „Idiot, schaaise schaaise, Idiot."

Funky Town

Ich habe das Gefühl, dass ich mich verbrennen werde. An ihrem Körper. Learning by doing!? Was ist klüger? Dass dich einer warnt und sagt, lass das besser sein oder wenn du dir die Finger selbst verbrennst und dann weißt, dass es zu heiß war und du nie mehr hinfassen darfst. Aber was heißt \`darfst´. Sie sagt, sie ist morgen wieder hier. Wir schreien in der Disco. Wie bitte?? Ich bin morgen wieder hier. Ich weiß, dass sie verrückt ist.

Im Sommer ist sie mir auf der Straße begegnet. Sie machte ihr Herrenrad an einer Parkuhr fest, nahm ein riesiges Schloss, schwarze Kettenglieder in dickem, dunklem Plastik. Ich erinnere mich an sie. Sie erinnert sich nicht an mich. Weiß noch genau, wie sie ihr Rad vor die Parkuhr kettete und ich draußen allein an einem Cafétisch sitze und ihr zusehe. Das klobige Schloss, ihre dunklen, engen Klamotten, und ihre Gestalt. Lang, dünn und extrem elegant. Kommt direkt auf mich zu, ganz nah, zischt in mein Ohr: „Alles Hosenscheißer!“ Geht weg und ich saß da. Erinnere mich, dass ich dachte, dass sie schrecklich elegant ist. Nur das. Die Hosenscheißer blendete ich aus. Ich denke erst jetzt wieder an die Hosenscheißer-Aussage, als sie mir in der Disco gegenübersitzt und wir so nah zusammengerückt sind, dass ich beim Sprechen ihren Atem riechen kann. Erkenne Frauen nicht an ihrem Körpergeruch, sondern dem Geruch ihres Atems. Es sind immer die Verrückten, die mich anziehen.

Ich selbst bin normal. Ich gehe um zehn ins Bett, trinke ein Bier abends, ernähre mich überwiegend gesund und habe Nerven wie ein Fahrlehrer. Ich abonniere ein Fußballmagazin, hatte drei Beziehungen, trage gebügelte Hemden und kaue nicht auf den Fingernägeln. Ansonsten habe ich ein verflachtes Fußbett, weswegen ich nur eine Halbzeit Fußball spielen kann, ein Freddy-Mercury-Autogramm, das über meinem Bett hängt und kurzes, dichtes Haar. Gerade steht sie an der Bar und bestellt ein Helles. Ihr Drittes. Ich sitze ruhig in der Ecke auf einer Sitzcouch, warte auf sie und sehe sie mir an: Langer, hochgereckter Hals, kurzes, an den Schläfen senkrecht auftoupiertes Haar und das Gesicht eines Jungen - mit Mädchengesicht. Sie kommt zurück.

Sie sagt: „Du trinkst nichts mehr?“

Ich sage: „Nein.“

Sie: „Na, dann prost!“

Ich: „Das Wetter ist scheiße.“

Sie: „Das sagst du!“

Ich: „Ja.“

Sie: „Du bist persönlich beleidigt.“

Ich: „Wieso?“

Sie: „Weil es seit fünf Tagen regnet.

Ich: „Weiß nicht, was du meinst.“

Sie: „Du fühlst dich persönlich angegriffen, vom Wetter.“

„Wie kommst du darauf?“

„Bist du Deutscher? Die nehmen das Wetter persönlich, in Deutschland. Sie glauben, es hat mit ihnen selbst zu tun, wenn die Sonne zwei Wochen nicht rauskommt Und hagelt es mal mitten im Sommer, dann gehen ihnen die Münder so weit auf, dass man am besten eine Riesen-Therapiesitzung machen müsste, um sie von ihrem Trauma zu erlösen. Stell dir mal vor, ganz Deutschland würde gemeinsam eine Riesen-Therapiestunde machen, einmal in der Woche.“

Ich: „Wie soll das gehen?“

Sie: „Alle können mitmachen in Fernsehsendungen, Radio, mit Chat und Skype. Sämtliche Telefonleitungen sind belegt, alle Call-Center gleichgeschaltet.“

Ich sehe sie an. Sie strahlt wie ein Baby. Ich muss immerzu auf ihr Gesicht starren und denken, wie schön sie ist. Wäre sie nicht so schön und wenigstens normal! Dumm ist sie nicht ... aber schön. Ich wage nicht zu fragen, was sie macht. Wahrscheinlich fährt sie die eine Hälfte des Tages auf ihrem Herrenrad durch die Straßen der Innenstadt, in schwarzen, engen Klamotten, und schreit irgendwelche Leute an, um während der zweiten Hälfte des Tages in ihrer winzigen Stadtwohnung im fünften Stock Hunderte von Flugzetteln zu entwerfen und sie dann in die Briefkästen fremder Leute zu schmeißen:

„HEUTE GROSSE THERAPIESITZUNG AUF DEM ODEONSPLATZ. BEGINN: 16.00 UHR.

TREFFPUNKT: BEIM LINKEN STEINLÖWEN. UM ZAHLREICHES ERSCHEINEN WIRD GEBETEN."

Abrupt erhebt sie sich und zieht mich am linken Arm nach oben: „Ich will tanzen!" Sie steigt auf den Tisch und stößt mit ihren schwarzen Sneakers eine Reihe leerer Biergläser von der Tischkante. Einige zerspringen am Boden. Ich habe das Gefühl, sie bemerkt gar nicht, was sie getan hat. Ihr Fuß schlug so behände nach den Gläsern, als befolge sie die Anweisungen des Barbesitzers und sei seit Jahren für diese Tätigkeit zuständig. Was sie Tanzen nannte, war eher ein Hippen. Sie ging hin und wieder leicht in die Knie, bewegte ihre Arme kaum und ihre Hüften blieben starr. Ihr Gesicht wirkte, als stünde sie gerade an irgendeiner Theke und warte darauf, bedient zu werden. Und dennoch hatte ihr Wippen etwas Verspieltes. Sie wirkte frei.

Ich stand unerträglich weit unter ihr. Meine Bewegung zur Musik ähnelte den Bewegungen der meisten anderen hier. Mein unverkrampftes Lächeln drückte Wohlbefinden aus. Meine Gedanken waren auf den nächsten Tag gerichtet und meine Ohren hatte ich kurz zuvor mit kleinen Fetzen, die ich unauffällig aus meinem Tempo-Taschentuch gerissen hatte, zugestopft. Ich musste nun einen Annäherungsversuch starten und stieg zu ihr auf den Tisch. Ich legte meinen Arm um sie. Ich wunderte mich, dass sie sich nicht zierte. Sie hippte weiter zaghaft in die Knie und lächelte mich an. Beim nächsten Song würde ich sie ganz umarmen und beim übernächsten küssen. Ich fragte mich, weshalb sie tagsüber auf der Straße fremde Leute anpöbelte und nachts im Club zahm und menschenfreundlich war.

Konnte sie sich an ihre dunkle Seite erinnern?

War ich der einzige, der sie ganz kannte?

Werde ich ihr irgendwann von ihrer anderen Seite erzählen?

Dann wäre alles kaputt. Sie würde erschrecken.

Ich würde erschrecken. Alles wäre zerstört.

Da legt sie ihren Arm um mich. Ich bin so perplex, dass ich zu schunkeln beginne. Doch sie lässt sich nicht synchronisieren. Was bin ich für sie? Ein normaler Idiot? Ein Ozean an Gewöhnlichkeit? Ich brauche etwas Besonderes. Ich sage ihr was Verrücktes. Ich spüre ihren weichen Arm.

Ich sage: „Zweitausendzwölf geht die Welt unter!"

Sie reagiert nicht.

Ich sage: „Gott würfelt."

Sie reagiert nicht.

Ich sage: „Putin ist mein persönlicher Held."

Sie sagt: „Stalin war Romantiker. Das war sein Problem. Er war ein Poet."

Mir zieht eine Eisbrise den Rücken hinunter und ich sehe, wie sie verstärkend mit dem Kopf nickt. Auf und ab und auf und ab. Langsam und mit mildem Lächeln. Ich will sie küssen. Ich stelle mich ganz nah vor sie hin. Sie nickt noch immer – jetzt zum Takt. Ich umfasse ihren Kopf mit beiden Händen. Sie nickt weiter. Ihre Augen sind groß, ihre Nase klein, ihre Haut weiß. Ich betaste ihr Haar. Ich glaube, sie spürt meine Finger nicht. Ich habe keine Ahnung, wer sie ist. Nein. Sie spürt mich nicht. Ich könnte sie überall berühren. Also warte ich. Ich will warten, bis sie etwas spürt. – Mich. Sie sieht mich unvermittelt an. Ich schaue ihr in die Augen, dann aufs Haar, schließlich auf den Boden.

Sie kommt mit ihren Lippen an mein Ohr und fragt: „Willst du nicht etwas trinken? Ich hole dir was! Geld habe ich genug."

Ich kapituliere. „Ja ... einen Gin Tonic." Wie viel Geld hat sie? Sie hat geerbt oder einen Bruch gemacht oder gelogen. Wenn sie mit dem Gin zurückkommt, werde ich sie fragen, was sie studiert. Studieren klingt unverfänglich.

Ein Typ an der Bar spricht mit ihr. Er sieht gut aus und lässt nicht locker. Ich kämpfe mich Richtung Theke vor. Einige wollen nicht weichen. Ich stoße und trete auf Füße. Drei böse Blicke, die durchaus angemessen sind. Das Schreien eines Mädchens. Macht nichts! Der Typ platziert seine Hand zielsicher auf ihrer linken Schulter und lässt nicht von seinem unfehlbaren Grinsen ab, selbst als ich vor ihm stehe und ihm tief in die Augen sehe. Er ist dumm und unnachgiebig. Eine beschissene Mischung.

Sie lächelt ihn an, als sei er Gott.

Ich mache den fertig, in drei Minuten. Pass auf!

Ich stelle mich zwischen die Zwei und verdecke ihm die Sicht. Sein Kopf drückt sich neben meinem durch, und er fragt sie unverhohlen: „Was machst du so?“

Sie rückt zu ihm und meint: „Ich mache nichts.“

Er: „Wie nichts? Du machst überhaupt nichts?“

Ich drehe mich zu ihm und schreie: „Sie macht nichts, überhaupt gar nichts. Verstehst du das nicht, du Idiot?“

Er übergeht mich und sagt zu ihr: „Jeder, wie er will. Jeder kann auf seine Art glücklich werden.“ Er lächelt sie an, wie ein Gönner.

Ich reiße ihr meinen Gin Tonic aus der Hand und brülle ihn an: „Niemand wird glücklich, du Arsch!“

Er sieht mich an und sagt: „Hey, hey, hey!“

Ich: „Ho, ho, ho.“

Er wendet sich wieder ihr zu und fragt: „Kennst du den?“

Sie: „Ja.“

Er: „Hat der ein Problem?“

Sie: „Nein, der will seinen Gin.“

Ich sehe auf seine flache Nase, deren Löcher leicht nach oben zeigen. Eine einzelne Rasta-Strähne hängt ihm über die niedrige Stirn ins Gesicht. In den tiefen Augenhöhlen sitzen kleine, feige Augen, die selbstbewusst blitzen. Er setzt zu seinem unzerstörbaren Lächeln an und rückt ganz nah an ihr Ohr.

Er wird ihr jetzt etwas Unwiderstehliches sagen.

Ich schlage zu.

Er geht so tadellos nach unten, dass es außer ihr keiner bemerkt. Er liegt am Boden.

Sie lächelt mich an.

Sie meint: „Endlich hast du deinen Gin."

Kurz darauf bücken sich ein paar nach ihm.

Ich erkläre: „Der ist rotzbesoffen", und nehme den ersten Schluck von meinem Gin.

Sie blickt mir unentwegt in die Augen.

Sie wird ganz still.

Ich schau' sie ernst an.

Sie lächelt, nickt mir kurz zu.

Und hippt einmal leicht in die Knie.

Tierarzt

„Der Nächste bitte! ... Ja, hier, geradeaus, dieses Zimmer, ja .... nehmen Sie doch schon mal Platz. Der Doktor kommt gleich."

Siebzehn Minuten später ist es im Behandlungszimmer noch immer still, der Sekundenzeiger der Uhr zu hören und einer der Tropfen auf seiner Stirn so groß geworden, dass er sich jeden Moment in Bewegung zu setzen droht. Er hat Angst. Vor Zahnärzten. Schon immer. Die Tür zum Behandlungsraum öffnet sich, und gerade noch gelingt es ihm, den Schweißfilm auf seiner Stirn mit einem Hemdsärmel zu trocknen, bevor der junge Zahnarzt und seine noch jüngere Assistentin ihn mit Handschlag begrüßen. Er hat Angst. Und er wird es schaffen, sie zu verbergen.

„Hatten Sie einen guten Tag?"

Der junge Zahnarzt versucht, die Situation zu entspannen, indem er mit einer ungewohnten Frage eröffnet. Er wurde ihm von Freunden empfohlen, denen sein ungewöhnliches Einfühlungsvermögen und seine Sorgfalt aufgefallen waren.

„Ich werde nun ihre Sitzposition ändern!"

Die graue Rückenlehne senkt sich bis zur Horizontalen. Der Zahnarzt und seine Assistentin legen sich einen hellgrünen Mundschutz an und der Zahnarzt setzt eine Lupenbrille auf. An der Decke, direkt über der Kopflehne des Behandlungsstuhls, schaltet sich lautlos ein Flachbildschirm ein und ein Filmtitel erscheint: ‚Wundervolle Schöpfung'. Die Kamera fliegt durch nassgrüne Regenwaldtäler Chiles, knapp vorbei an schneebedeckten Andengipfeln, über steile Dünen der Wüste Sinai, und sein Auge folgt und folgt und er öffnet lediglich weit den Mund und muss sonst nichts tun und denkt nicht und sieht den schroffen Küstenstreifen des Big Sur und die stäubende Gischt der Meereswellen sowie eine riesige Herde Gnus, deren Form sich, von der Luft aus betrachtet, an einer einzigen Stelle, an der die

Herde ein Flussbett durchqueren muss, eng zusammenschnürt, um sich daraufhin wieder auszuweiten und weiter scheinbar richtungslos dahin zu treiben.

„Möchten Sie eine Spritze oder wollen Sie darauf verzichten?"

„Ich brauche keine Spritze, nein, nein, danke!"

Er meint, in den mandelförmigen Augen der Arzthelferin bei der raschen und betont deutlichen Erwiderung, keine Spitze zu benötigen, ein kurzes Funkeln ausmachen zu können: Bewunderung. Schon im nächsten Augenblick bereut er seine Entscheidung, als er das feine Surren der Turbine hört und das Gesicht des Zahnarztes über seinem offenen Mund erscheint und er sieht, dass dessen Haut nicht so glatt und hell ist, wie es zunächst den Anschein machte, sondern ölig und großporig und über der rechten Augenbraue zwei kleine, dicht benachbarte Eiterpusteln erkennbar werden.

„Es wird nun ein bisschen kalt. Ich werde Ihre Zähne zunächst einmal trocken pusten, um eventuelle Defekte besser erkennen zu können."

Der junge Zahnarzt nimmt ein Instrument zur Hand, dem eine stumpfe Plastikdüse aufsitzt. Zum letzten Mal ergibt sich die Chance, eine Strategie gegen die Angst zu entwickeln, bevor der spitze, metallene Aufsatz zum Einsatz kommt. Sein Blick geht zur Decke, als er die angenehme Massagewirkung des Luftbläsers auf seinem Zahnfleisch spürt. Es ist ganz einfach! Er wird alle Sinne auf den Verlauf des Naturfilms über seinem Kopf bannen und der Behandlungsraum, die Assistentin, der Arzt, sämtliche Handgeräte und alle Arten von Aufsätzen werden verschwunden sein.

Kleine runde Eisbärenköpfe lugen aus weißen Schneelöchern und purzeln über den Steilhang und steigen auf den Kopf der Eisbärenmutter, die reglos daliegt und sich sonnt und zu träumen scheint und sich irgendwann fläzt und streckt, wodurch ein Bärenjunges von ihrem Rücken fällt, kopfüber, und weich aufkommt, auf der tiefen, flauschigen Neuschneeschicht.

All dies nur zu sehen, und nichts zu hören, macht ihn ruhiger und ruhiger. Längst arbeitet sich der Bohrer in seinen Backenzahn vor. Dann wieder die große Herde der Gnus, wie sie besonnen äst, als sich ein Jungtier von der Gruppe trennt und läuft und läuft, bis die Herde aus seinem Sichtfeld verschwindet. Dann ein ausgewachsener Leopard, wie er hinter einer Böschung geduckt das Gnu wittert und zum Sprung ansetzt. Dann das Gnu, wie es losrennt, zunächst wirr, im Zickzack, schließlich geradeaus. Dann der schlanke Leopard, an die siebzig Meter hinter dem Jungtier. Zum ersten Mal spürt er einen Schmerz. Er zieht wie ein Stromschlag von seinem Backenzahn in den Kiefer.

„Wir müssen noch etwas tiefer gehen." Der Zahnarzt schaltet den Bohrer aus. Auf einem kleinen, schwenkbaren Display präsentiert er eine drei Sekunden alte, mit einer Intraoralkamera aufgenommene Fotografie seines Backenzahnes.

„Können Sie es erkennen?" Er deutet auf eine schwarze Stelle. „Das ist Ihre Karies. Sie geht tiefer, als ich annahm. Ich werde nun an der Stelle, die Sie hier erkennen, weiter bohren und es könnte ein wenig wehtun." Abwägend blickt der Zahnarzt auf seine Assistentin und weist sie an: „Bitte den Rosenbohrer!"

Er starrt auf den Bildschirm an der Decke. Das hellbraune Gnu scheint seinen Vorsprung ausbauen zu können, obwohl es zierlich gebaut ist und die Sprünge seiner Hinterläufe unbeholfen sind. Doch es läuft weiter von der Herde weg, und der Leopard hat keinen Grund, seine Verfolgung aufzugeben, bevor er das Beutetier nicht erfasst und tot gebissen hat. Plötzlich hohes, dichtes Steppengras. Das Gnu verschwindet. Der Leopard streift ziellos umher. Das Gras wogt im Wind. Ohne ersichtlichen Grund verlässt das Gnu seine Deckung und rennt los, weiter von der Herde weg. Der Leopard ist noch zwei Körperlängen von seiner Beute entfernt.

Das Rattern des Rosenbohrers wird lauter.

Die Karies scheint endlos.

Der Schmerz ist zurück.

Die Augen der Zahnarzthelferin liegen knapp über seinen. Sie hantiert, saugt und saugt und blickt immer nur in seinen Mund. Sie hat keine Nase, keinen Mund und keine Ohren. Nur Augen. Und Finger in Plastik. Er will schreien und das Leiden beenden. Unmerklich schüttelt der Zahnarzt den Kopf, als er eine kurze Bohrpause einlegt. Er wirkt unsicher und blickt tiefer in seinen Rachen.

Der Leopard hat das Gnu erreicht, überholt und zum Innehalten gezwungen. Dennoch beißt er nicht zu. Unsicher setzt sich das Gnu vor ihm auf die Erde, während der Leopard noch immer über ihm steht und nichts tut. Es müsste wimmern oder geduckt kriechen oder nochmals zu rennen versuchen, doch es sitzt vor ihm. Der Leopard blickt es an und beißt dann einige Male zaghaft in den Rücken des Tieres, ohne es dabei zu verletzten. Dann erfasst er das Jungtier mit einem kräftigen Biss und schleudert den zierlichen Körper ruckartig nach links und rechts. Nachdem er dies mehrere Male wiederholt hat, bewegt sich das Gnu noch immer. So drückt er dessen kleinen Rumpf mit seinen kräftigen Forderläufen und breiten Tatzen auf den sandigen Boden nieder und legt sich mit seinem Körper auf die dünnen Beine des Beutetiers.

Das Pochen des Schmerzes in seinem Backenzahn hat einen Puls erreicht, der unerträglich ist, und der kariöse Befall noch immer nicht restlos entfernt. Er kneift seine Augen zu, doch beim Gedanken, die Zahnarzthelferin könnte dies bemerken, öffnet er sie wieder.

Der Leopard zieht das samtene, hellbraune Fell vom Hinterleib des kleinen Tieres ab und das Rot seines Fleisches kommt zum Vorschein; das Gnu zuckt wirr mit dem Kopf. Er kaut kurze Zeit mit geschlossenen Augen auf dem Fell, bevor er beginnt, den Darm des Jungtiers und am Ende des Darms seinen Magen herauszuziehen.

„Bitte den Heidemannspatel."

Mit einem Aufatmen nimmt der Zahnarzt seine Lupenbrille ab.

„Ich habe die Karies vollständig entfernt und werde nun die Füllung vorbereiten. Wenn es gleich ein wenig nach Lösungsmittel riecht, wundern Sie sich bitte nicht. Das ist das Bonding, mit dem ich ihren Schmelz anätzen werde, um den Verbund zur Füllung zu schaffen. Sie werden nichts spüren. Das Schlimmste haben Sie nun hinter sich. Hat es sehr wehgetan?“

„Oh nein. Nein.“

„Es war eine wirklich tiefe Kavität.“

Die Assistentin entfernt eine nasse Watterolle aus seinem Mund und ersetzt sie durch eine trockene. Als sie eine weitere flaumige Watterolle zwischen Unterlippe und Zahnreihe platziert, treffen sich kurz ihre Blicke. Und während sie mit einem dünnen Stab seinen Speichel absaugt, sieht sie ihm lange in die Augen. Es riecht nach Lösungsmittel. Die Lupenbrille des Zahnarztes erscheint über seinem Kopf und weicht wieder zurück.

„Lichthärten, bitte.“

Wieder ihre großen, weit geöffneten Augen, und ihre Hand, wie sie die UV-Lampe in seinen Mund führt. Durch das Lichthärten wird der eben eröffnete Backenzahn angenehm warm, und er blickt unverwandt auf ihre Augen und wartet, dass sie wieder zu ihm hinsieht.

Das Gnu über seinem Kopf ist tot und liegt zerrissen und zerlegt auf dem trockenen Steppenboden, während der Leopard träge und schwerfällig an einem blutigen Knochen nagt. Von einer graslosen Anhöhe hopsen zwei Aasgeier. Vier weitere landen. Unbeholfen.

Ein neuer Film beginnt. Ein Löwenrudel. Ruhend. Auf einer Anhöhe liegt am Fuße des breiten Stammes eines alten Aoribaumes sein Rudelführer. Ein alter Löwe mit halb geschlossenen Augen und einer ausladenden, zerzottelten Mähne. Dennoch schweift sein Blick in regelmäßigen Abständen über sämtliche Mitglieder der Gruppe: Fünf kräftige Weibchen, vier noch nicht ausgewachsene Jungtiere und ein gutes Dutzend kleiner Löwenbabys. Alle verharren regungslos in der grellen Mittagssonne.

Die Zahnarzthelferin hat noch immer nicht hergesehen und hält die UV-Lampe steif zwischen Daumen, Zeigefinger und Mittelfinger. So schweift sein Blick kurzzeitig zu den Geschehnissen auf dem Bildschirm an der Decke.

Der Rudelführer erhebt sich behäbig von seinem Stammplatz, sieht einmal kurz mit wachem Blick direkt in Richtung der Aufnahmekamera und nähert sich dann einem schlafenden Löwenweibchen. Auf seinem Gang tritt er unversehens gegen zwei Löwenbabys und schubst das liegende Weibchen mit seiner Schnauze, bis dieses unwillig aufsteht. Im nächsten Augenblick besteigt er es von hinten und versucht, mit seinem langen, steifen Penis, in es einzudringen.

„Haben Sie die Okklubrush vorbereitet?"

„Oh nein. Das tut mit leid. Die habe ... ich habe die Box im Nebenzimmer liegen lassen."

„Ist schon gut! Härten Sie weiter. Ich gehe selbst nach nebenan und hole sie."

Als der Zahnarzt den Raum verlässt und die Türe laut ins Schloss fällt, weitet sich sein Blick. Während die Arzthelferin mit ihrem Kopf ganz nah an seinem Gesicht verweilt, beobachtet er, wie der Löwe das Weibchen in kurzen Intervallen äußerst kräftig stößt. Für den Bruchteil einer Sekunde blickt ihm die Assistentin in die Augen. Der Löwe stößt noch immer. Wieder sieht ihn die Arzthelferin an und mit einem Mal befürchtet er, sie könne nach oben schauen, auf den Bildschirm, und herausbekommen, was er sich da ansieht. Da spürt er, wie sein Gesicht allmählich errötet. Bald musste der Löwe wieder heruntersteigen, sonst käme der Zahnarzt zurück und blickte zufällig auf den Bildschirm und entdeckte den Geschlechtsakt. - Unterdessen steigt er von seinem Weibchen und besteigt das nächste. Er spürt, wie seine Schläfen röter werden und heiß, die Adern sichtlich zu pochen beginnen. Die Arzthelferin bemerkt es.

„Ist alles in Ordnung? Geht es Ihnen gut?"

Er nickt und sagt nichts, um nicht noch mehr zu erröten.

Die Kamera zoomt auf den Geschlechtsakt und sein Kopf beginnt zu glühen. Wenn sie nun nach oben blickt, weiß sie, weswegen er rot anläuft. Da öffnet der Zahnarzt ungestüm die Türe, schreitet durch den Raum und sieht seinen Kopf.

„Mein Gott! Was ist mit Ihnen? Sie haben einen anaphylaktischen Schock! Sind Sie auf irgendwelche Stoffe allergisch?

Aus der Verzweiflung heraus sagt er: „Ja. Ich bin auf die Füllung allergisch, wahrscheinlich." Sein Erröten ist damit kausal erklärt und könnte abklingen, selbst wenn beide nach oben sähen und Zeugen der Tierszenen würden. Er ist allergisch!

„Wir können die Füllung momentan nicht entfernen. Wir müssen sofort handeln! Ein anaphylaktischer Schock ist lebensgefährlich."

Der junge Zahnarzt reißt seinen Rollstuhl nach hinten und ruft der Assistentin panisch zu: „Wir brauchen sofort einen intravenösen Zugang für das Natriumchlorid. Holen Sie auch das Adrenalin, die stärkste Ampulle. Bitte. Schnell. Rufen Sie die Kollegin. Sie weiß, wo alles ist."

„Aber ich ..." Er versucht abzuwiegeln.

„Sie sind in Lebensgefahr. Bei einem anaphylaktischen Schock kann sich als nächstes ihr Hals zuschnüren und sie laufen Gefahr, zu ersticken. Ich muss Ihnen eine Nadel setzen und Adrenalin spritzen."

Ehe er sich's versieht, hat der Zahnarzt eine Spritze angesetzt und ihm Adrenalin injiziert.

Die zweite Assistentin, deren Erscheinen ihm gar nicht aufgefallen war, hält eine durchsichtige Sauerstoffmaske gegen sein Gesicht. Er schlägt mit dem rechten Fuß wiederholt auf die Liegefläche des Behandlungsstuhls und versucht, sich Gehör zu verschaffen, indem er unter der Sauerstoffmaske deutliche Laute von sich gibt.

„Halten Sie ihn fest." Der Zahnarzt weist die jüngere Assistentin an, ihn an Schulter und Becken gegen den Stuhl zu drücken. Sie hat einen äußerst festen Händedruck.

Das Adrenalin gelangt in seinen Blutkreislauf.

Er schlägt mit seinem Kopf hin und her.

Der Zahnarzt schreit: „Kooperieren Sie! Ich weiß schließlich, was ich tun muss."

Zur älteren Helferin: „Wir brauchen mehr Adrenalin! Die Rötung lässt nicht nach und der Puls sinkt."

Als noch mehr von der fremden Flüssigkeit in sein Blut gelangt, reißt er sich plötzlich aus der Umklammerung der jungen Assistentin, zieht die Nadel aus seiner Haut und schlägt der älteren Assistentin ins Gesicht. Sie geht zu Boden. Mit seiner Rechten packt er den Zahnarzt am Kragen und hält ihn fest. Pfeilschnell ergreift er wahllos aus der Halterung einen Bohrer und betätigt das Fußpedal. Er hält ihn dem jungen Zahnarzt vors Gesicht.

„Ich werde Ihnen nun zwischen Ihren beiden Augen ein kleines Loch bohren. Aber erschrecken Sie bitte nicht. Es könnte ein wenig wehtun."

Die ältere Assistentin liegt immer noch am Boden, während die jüngere vollkommen reglos neben dem Behandlungsstuhl steht und nicht versteht, was da vor sich geht. Er setzt den Bohrer an der Stirn des Zahnarztes an und beginnt, die Haut aufzubohren. Da der Zahnarzt mit dem Kopf zuckt und schreit, nimmt er ihn in den Schwitzkasten und meint: „Sie müssen schon ruhig halten. Sonst kann ich den Eingriff nicht ordentlich vornehmen. Ich muss schließlich bis an Ihr Gehirn." Er beginnt zu bohren.

Nach drei Minuten sackt der Zahnarzt in sich zusammen und fällt nach hinten um. Die Sauerstoffmaske immer noch vor seinem Gesicht, springt er vom Stuhl auf und blickt die Zahnarzthelferin an. Entsetzt schreit sie einmal laut auf und rennt hinter eine hohe, lange Kommode, die in der Mitte der Raumes steht.

Er verfolgt sie.

Sie umrundet die Kommode.

Sie bleibt an der Kopfseite stehen.

Er ändert die Richtung.

Sie schreit, rennt in die Gegenrichtung.
Er bleibt stehen und sieht sie an.
Sie schreit und rennt ans andere Ende der Kommode.
Mit einem Satz springt er über die Kommode und wirft die Assistentin zu Boden. Während er über ihr kniet, beginnt er, ihr die Kleider vom Leib zu reißen.

Nachdem er sich in einem Backshop einen halben Dinkellaib und ein Schokoladencroissant gekauft hat, bekommt er schlagartig starken Hunger und reißt während des Gehens das dünne Cellophanpapier der Backwaren auf. Er greift nach dem Schokoladencroissant und beißt hinein. Als er beim Kauen bemerkt, wie eine winzige Erhebung an seinem Backenzahn verhindert, dass Oberkiefer und Unterkiefer bündig schließen, denkt er an seinen Zahnarztbesuch vor zwei Stunden. Er befühlt die andersartige Substanz der Füllung, die nun Teil seines Körpers ist, zaghaft mit seiner Zungenspitze. Vielleicht war der junge Arzt doch nicht so gut, wie alle behaupteten. Schließlich besaß die neue Füllung eine kleine Erhebung und war nicht vollständig poliert worden. Und seine Assistentin sah gar nicht mehr so hübsch aus, nachdem sie ihren Mundschutz abgenommen hatte. Vielleicht sollte er doch wieder den Arzt wechseln.
Aber es war seltsam – seine Angst hatte er überwunden.
Er hatte keine Angst mehr.

Opernabo

„Aus welchem Film ist das: ‚Wenn Sie Einschlafenprobleme haben, dann nehmen Sie doch Baldriantropfen oder trinken Brennnesselntee!'?"

„Wie, aus welchem Film?"

„Na halt, wer hat das gesagt. In einem Film. Eine Film, wo bekannt ist. Wo du sicher kennst?"

Sie rückt ruckartig nah an sein Gesicht: „Ich nix verstehen dich!"

Er schnellt mit seinem Mund an ihr Ohr, deutet einen Kuss auf ihr Ohrläppchen an und flüstert: „Wie heißt dieser Film, wo jemand das sagt?"

„Ach so, Scheiß Bosniake! Jetzt verstehe ich dich."

„Scheiß Rumänin, sei still! Nur, weil du langer in Scheiß Deutschland bis als ich."

Die ältere Dame, die ihnen in der S-Bahn gegenüber sitzt, runzelt die Stirn. Er sieht es und ahmt es für seine Freundin nach. Irgendwann lacht sie laut auf. Als er es immer wieder macht, sagt sie: „Hey! Du kriegst schon Falten. Hast du das gemerkt?"

„Das habe ich noch nicht gemerkt Ich bin eine Affe." Er steht auf, wobei sich sein blaues T-Shirt liftet und über der tief sitzenden Jeans sein trainierter Bauch und seine makellose weiße Haut kurz zum Vorschein kommen. Dann beginnt er zu hüpfen, nur aus den Sprunggelenken, federnd, und klatscht mit der inneren Handfläche immer wieder an die hohe Decke der U-Bahn.

Sie lacht laut auf, packt ihn am Hosenbund und zieht ihn zu sich hinunter. Er geht mit seinem Kopf auf Höhe ihres Bauches und legt sein Ohr an ihr eng anliegendes schwarzes Top.

„Du hast ein Baby. Ich kann es hören. Ich habe ein Baby dir gemacht. Es hat Hunger. Und es sagt, dass es eine alte Oma essen will."

Sie versetzt ihm einen zarten Klaps auf seine Schultern. „Sei still! Du bist so blöd!“ Mit der linken Hand fasst sie in ihr langes, seidiges und fülliges Haar und wirft es schwunghaft nach hinten. Dabei streift ihr Blick beherzt lächelnd die ältere Frau. Als die S-Bahn am Rosenheimer Platz Halt macht, steigt ein Pulk dunkel gekleideter Herren in langen Lodenmänteln und Damen in rosa, hellgrünen und blauen Abendkleidern zu. Während sie dicht gedrängt im Mittelgang stehen und mit unverkennbarer Skepsis ihre neue Umgebung mustern, sprechen sie über die Theateraufführung, die soeben im Gasteig zu Ende ging.

„Den Sisyphos kann der Schluchtrett einfach nicht mimen. Der ist zu optimistisch dafür.“

„Nun ja – das sei dahingestellt. Sisyphos ist nicht ausschließlich ein tragischer Held. Weil er immer wieder das Gleiche tun muss und den Felsen immer wieder nach oben rollen muss, ist er doch auch irgendwie glücklich.“

„Weswegen?“

„Aufgrund der Voraussagbarkeit. Der Felsblock wird ihm mit Sicherheit wieder entwischen und er wird ihn wieder hoch rollen müssen.“

„Ach, Pauli. Das wäre dir auch das Liebste, so eine Arbeit.“

Sie lachen.

„Nein, Mia. Mir wäre lieber, wenn ich dir etwas nicht immer wieder erklären müsste, sondern du es auf Anhieb verstehst.“

Wieder lachen alle.

„Livin in a ghetto / is like blowing out the chattow.“

Er hat sich wieder neben seine Freundin gesetzt und wippt hastig mit dem rechten Fuß. Dann hält er ihr die Augen zu und zitiert fließend: „Visionary / Vision is scary / The summer comes along, all vision is airy.“

Sie: „Eminem!“

Er: „Gut, Mann. Richtig! Für ein Rumänin bist du wiklich intilligent. Ich liebe dich, weil du so intilligent bist, weißt du!“

„Aber ich liebe dich nicht."
„Doch. Du liebst mich, weil ich so reich bin, mal. Ich hab mal ein fettes Auto und voll die dünnen Diener. Und du weißt, warum!"
Sie verdreht die Augen nach oben. „Nein, Bosniake! Ich weiß es nicht."
Er pustet ihr sanft ins Ohr. „Weil ich ein geiler Rapper bin, dann." Und betont er seine Worte rhythmisch: „Weil ich mit der Sprache alles machen kann / Und alle Menschen bring zum Lachen kann." Darauf streckt er seine Arme weit aus und zwinkert ihr zu.
Sie meint: „Ich lieb' dich, weil du so verrückt bist."
„Hey! Ich bin nicht verrückt. Ich bin verliebt."
„Du liebst doch niemand. Du liebst nur dich selbst."
„Nein. Ich liebe dich, weil ich total verruckt bin."
„Du bist verrückt nach dir selbst."
„Du hast mich entzückt / Ich bin total verrückt."
„Du bist ein dummer Bosniake. Ich mag keine Bosnier. Mein Ur-Opa hat tausend Bosnier getötet."
„Und mich hat er errötet."
„Du bist blöd"
„Und du bist töt."
Mit der Hand streicht sie flüchtig über sein dichtes kurzes Haar. Der Blick eines Theaterbesuchers heftet sich auf ihre langen Beine, deren Form durch die eng anliegenden Stretchjeans sehr stark zur Wirkung kommt.

„Unsere Tochter fängt jetzt mit Fagott an. Wir haben einen tollen Lehrer gefunden." Sein Blick geht zurück zur Gruppe.
„Beweise mir, dass du mich liebst! Ich glaube dir kein Wort."
Er schreibt mit seinem Finger große Kreise in die Luft: „Ich nimm dich mit zum Gott / Und der spielt dir Fagott."
„Mach nicht immer Sprüche! Du weißt noch nicht mal, was ein Fagott ist."

„Ich bin ein Fagott / Und tanze den Foxtrott."

Sie springt auf, stellt sich vor ihn, dreht langsam ihr Becken hin und her während sie spricht und meint: „Ich will einen Beweis. Ich will sehen, dass du mich liebst, du bosnischer Penner!"

Sein Blick geht an ihrem langen, schlanken Körper nach oben, bis knapp unter die Augen. Aus dem Lautsprecher kommt eine volkstümliche Stimme: „Nakschta Hoid, Marienplotz."

„Wir steigen aus!" Er springt auf, umgreift schlagartig ihre Taille und zieht sie Richtung Gang. „Du kriegst deinen Beweis. Jetzt gleich!" Im Hinausgehen rumpelt er gegen einen Fahrgast und juchzt: „Pardon, le Monsieur, pardon!" Sie lacht laut, zwängt sich mit stolpernden Schritten durch die Menge und folgt ihm. Sie rennen Hand in Hand den überfüllten Bahnsteig entlang, er voran. Und als er wieder Leute im Vorbeigehen anstößt und die ihm hinterher rufen, lässt er kurz ihre Hand los und dreht im Rennen mehrere Pirouetten. Absichtlich rennt er die herabführende Rolltreppe ein paar Stufen hinauf, schreit dann ‚Hilfe!' und springt wieder hinunter.

Als sie auf den Marienplatz hochkommen, beginnt gerade das Glockenspiel am Rathausturm. Der halbe Platz ist voller Touristen, die ihre Handys in die Höhe halten und das Ereignis filmen. Er zieht sie hinter sich durch die dicht stehende Menge, bis sie den Apple-Store in einer Nebenstraße erreichen. Dann sagt er: „Pass mal auf!", und postiert sich genau vor der Eingangstür des Ladens. Er stellt sich breitbeinig vor die gläserne Fassade, während sie ihn verunsichert mustert und ruft: „Hallo Leute, tretet näher! Heute ganz billige Apples! Alle Apples müssen raus. Wir schließen in zwei Stunden."

Sie wendet sich ab, schüttelt den Kopf und hält sich im Weggehen die Hand vors Gesicht.

Seine Stimme ist laut und kräftig: „Hey, hallo! Das Angebot gilt nur noch zwei Stunden! Wenn Sie einen Apple nehmen, bekommen Sie einen zweiten geschenkt."

Eine Gruppe Jugendlicher bleibt vor ihm stehen.

„Wir haben die besten Apples der Stadt. Sie sind rot und grün und leuchten in der Dunkelheit. Sie können sprechen und machen in die Hose. Ich gebe Euch heute einen Laptop – hört mal genau hin! - für – und ich lüge nicht, ich lüge wirklich nicht – lächerliche dreihundert Euro. Habt Ihr das verstanden? Ihr dürft mich, falls ich lüge, mitten auf dem Marienplatz ausziehen und ...“

Zwei kroatische Security-Männer unterbrechen ihn: „Können Sie sich ausweisen?“

„Wie bitte?“

Der kleinere der beiden erwidert: „Haben Sie Pass?“

Seine Freundin beobachtet die Szene von einer Straßenecke aus.

„Wir werden wegen Hausfriedensbruch Anzeige gegen Sie erstatten. Die Polizei ist bereits verständigt. Können Sie sich ausweisen?“

Er betrachtet die beiden Sicherheitsleute einen Moment und rennt los. Sie nehmen die Verfolgung auf. Er taucht in die Masse der fotografierenden Touristen ein.

„Wo bist du?“

„Was ist passiert?“

„Ich habe die Idioten verarscht. Wo bist du!“

„Warum machst du so einen Scheiß?“

„Ich liebe dich.

„Klar –.“

„Wo bist du!“

„Ich stehe bei Zara.“

„Bin gleich bei dir, Baby.“

Zwei Minuten später betritt er den Modeladen. Er sucht auf beiden Etagen nach ihr und entdeckt sie hinter einem hohen Kleiderständer mit Jacken.

„Das war Beweis meiner Liebe numero uno! Es gibt zwei Beweise mehr, die noch kommen. Nachher.“

Er umgreift ihr Becken, hebt sie hoch und dreht sie zweimal im Kreis.

„Was willst du haben? Ich kauf' es dir."

„Du hast doch kein Geld."

„Willst du diese Jacke?" Er greift willkürlich eine heraus. „Ich klau' es dir." Er zuckt zusammen. „Psst. Ich klau' es für dir."

„Du bist ein Verbrecher. Ich kann dich nicht heiraten."

„Ich bin ein verliebter Mann, und das bedeutet, dass ich kann alles tun. Ich darf alles tun, weil ich liebe. Ich liebe dich."

Sie umarmt ihn, beißt ihm sanft ins Ohr. „Ich will keine Jacke oder Hose. Du brauchst sie mir nicht kaufen. Es reicht, wenn du da bist. Das ist das Schönste."

„Scheiße! Wenn Sie mich verhaftet hätten, wäre ich ein großer Held. Jetzt bin ich nur ein mittelgroßer Held der Liebe."

„Du bist ein Dichter." Sie nimmt ihm das Kleidungsstück aus der Hand und hängt es zurück auf die Stange.

„Ich bin kein Dichter, ich bin ein Denker."

Im Hinausgehen fragt er in ernstem Ton: „Gehst du in Moschee oder in die Kirche oder ein Synagoge?"

„Ich gehe nirgendwo hin. Wieso fragst du?"

„Wenn du mich heiratest, musst du Muslim werden."

Er sieht sie an.

„Ich bin doch nicht verrückt." Sie lacht auf. „Ich lasse mich nicht in ein Kopftuch stecken und koche den ganzen Tag für dich Gemüse."

„Zuhause musst du keine Kopftuch tragen. Meine Familie darf dich ohne Kopftuch sehen."

Plötzlich sie: „Ich bin orthodox."

Er: „Was ist das für Krankheit!?"

Darauf sie: „Frag meine Mutter! Ich weiß es nicht. Auf jeden Fall nicht muslimisch!"

Schweigend gehen sie weiter. Vor dem Geschäft verteilt eine ältere Frau mit weitem, bodenlangem Faltenrock, goldenem Trachtenkorsett und üppigem hochgesteckten blonden Haar

Flugzettel, auf denen ein schwarz-weißes Jesusgesicht abgebildet ist. Sie spricht ausgewählte Passierende an: „Jesus rettet! Ich war selbst in der Sünde. Mein Leben war dem Tod geweiht und dann kam sein Gesicht. Schaut in dieses Gesicht!" Sie hält das Blatt mit dem Christusgesicht hoch. „Seht! Seht nur!"

Er geht auf die Frau zu, schnappt ihr ein Blatt aus der Hand und meint: „Ich sehe nix."

Die Frau blickt ihn unwirsch an.

Er: „Ich kann nix sehen. Es tut mir leid, liebe Frau. Aber ich kann wirklich nix sehen da."

Seine Freundin greift ihm unter den Arm und zieht ihn gegen seinen gespielten Widerstand langsam von der Frau fort, während er lauthals in die Menge ruft: „Allah ist groß und Mohammed ist sein Prophet." Nach hundert Metern bleibt er in der Mitte der Fußgängerzone stehen und erklärt ihr: „Du musst jetzt gehen. Du kannst nicht bei mir sein, wenn ich spreche." Er schiebt sie mit beiden Händen sanft von sich weg, während sie lacht und sich windet. „Ich muss nun in die Wüste, zum Volk reden, und du darfst nicht bei mir sein!"

Sie stemmt ihre Hände in die Hüften und bleibt stehen.

Er ruft laut: „Also gut ... auch ich habe in große Sünde gelebt, sehre viele Jahre, aber Christus ist ein Star. Er hat gesehen, wie ich klaue und stehle und schöne Mercedes und Audi aufbreche und billig verkaufe. Und er hat zu mir gesagt: Warum machst du so? Warum nimmst du den reichen Leute ihre Autos weg und gibst sie billig den Armen? Und Jesus hat gesagt: Ich schicke dir die Polizei, wenn du nicht aufhörst. Und ich habe zum Jesus gesagt: Nur noch ein Auto – dann höre ich auf mit Klauen. Aber Jesus hat geantwortet: Wenn du nicht sofort aufhörst, mache ich dich kalt. Und ich habe gesagt, ‚Hey, Jesus!, Mohammed ist viel besser als du. Er ist bei den armen Leuten und du bist nur bei den Reichen. Du bist nur hier in Deutschland, Jesus!, und in Amerika. Aber Mohammed ist bei den armen Schweinen in Irak und Arabien'."

Einige Menschen sind stehen geblieben und beginnen, ihm zuzuhören. Er sieht in Richtung seiner Freundin, die sich betont ihre Handtasche vors Gesicht hält und ihm darüber weg zusieht.

„Und weil Sie alle hier herumstehen und die Worte der Wahrheit hören, kommt jetzt die Super-Wahrheit. Aufpassen! Ich sage Euch die Wahrheit. Warum habt Ihr die noch nicht gewusst?!" Er setzt kurz ab. „Ich liebe meine Freundin über alles. Und ich werde sie mit mir verloben, im nächsten Jahr. Und dann gibt es ein großes Fest. Bei uns im Hasenbergl, im Restaurant Bosnia. Und ich lade Euch alle ein. Ihr könnt alles trinken, was ihr wollt, und essen auch umsonst. Es gibt eine große Band. Und wenn Ihr nicht kommt, dann seid ihr ..." Er hält kurz inne. „... Sünder. Und kommt nicht in das Himmelsreich." Er springt weit in die Höhe und spreizt Arme und Beine wie ein X von sich und schreit: „Halleluja!" Dann rennt er zu seiner Freundin, die ihre Arme öffnet, ihren Kopf zur Seite neigt und ihn zaghaft umarmt.

„Ich bin ein Prophet. Hast du mich gesehen? Die Leute sind gleich gekommen. Ich lebe für Allah. Er liebt mich. Er passt auf mich auf. Verstehst du, es passiert mir nichts."

Wortlos gehen sie Hand in Hand an den großen Modeschaufenstern der Theatinerstraße entlang. – Verkäufer hieven schwere Postkartenständer über Türschwellen, klappen Werbestandtafeln zusammen oder kurbeln Markisen zurück. Salz-, Pfeffer- und Zuckerstreuer werden eingesammelt, Cafétische nass abgewischt und Stühle gestapelt und aneinander gekettet. Die Turmglocke der Theatinerkirche schlägt achtmal. Die beiden erreichen den Odeonsplatz und steigen die Freitreppe zur Feldherrenhalle hinauf. Sie setzen sich auf einen kühlen Steinsockel, der eine große Löwenskulptur trägt und strecken ihre Beine in die menschenleere, dunkle Halle.

Sie fragt ihn: „Warum setzen wir uns nicht auf die Treppe! Da ist es viel schöner."

Er meint darauf: „Mir gefällt's hier gut."

„Aber es stinkt nach Pisse."

„Wenn ich dich kisse / Vergisst du gleich die Pisse."
„Schlechter Reim!" Sie zieht ihn sanft an der Nase.
Nach einer Weile meint sie: „Du?"
„Was!"
„Hast du echt Autos geklaut?"
Er kratzt sich hinterm Ohr: „Sicher!"
„Wirklich?!"
„Warum soll ich dich verarschen!"
Sie blickt ihn an. „Wie viele?"
Er küsst sie ruckhaft auf die Lippen und meint: „Ab wie viele Autos liebst du mich nicht mehr?"
„Verstehst du mich nicht?"
Ihre Stimme wird leiser und schwächer.
Er runzelt die Stirn. „Hast du Angst, dass man mich einsperren kann, oder willst du keinen Freund haben, der wo klaut?"
„Beides!"
Er stockt kurz und meint dann, „Neun."
„Was, neun?"
„Neun."
„Du hast neun Autos geklaut!?"
„Und verkauft."
„Ich mag das nicht." Der Klang ihrer Stimme wirkt fremd.
Abrupt steht er auf, springt sportlich abwechselnd von einem Bein auf das andere und meint: „Schau mal, was ich hier habe. Liebesbeweis, Nummer drei." Mit der linken Hand zieht er mehrere Damentopps aus dünnem Stoff unter seinem T-Shirt hervor. „Alles deine Größe, Baby! Sechsunddreißig."
„Wo hast du die geklaut!?"
„Ich habe dich nicht gefunden, im Zara, und dann habe ich meine sexy Bauch eingezogen und guten Stil gezeigt und dir schöne Sachen eingewickelt, um mich herum."
„Ich will deinen Dreck nicht!" Sie springt auf und rennt die Treppe zum Odeonsplatz hinunter. Er hält die bunten Oberteile in seiner linken Hand und starrt ihr hinterher. Gedankenverloren

verdreht er die Kleidungsstücke umeinander, knüpft einen großen Knoten und zieht ihn fest. Dann schleudert er das verknotete Bündel in die leere Halle und setzt sich auf den Steinsockel zurück. Er holt sein weißes iPod und einen einzelnen Kopfhörer aus der hinteren Hosentasche. Er drückt tumb einige Tasten, springt dann plötzlich auf, stolpert die Freitreppe hinunter und spurtet Richtung Hofgarten. Dorthin, meint er, sie fliehen gesehen zu haben. Im Hofgarten schreit er laut ihren Namen. Er vermutet sie auf einer Parkbank. Wenn er sie jetzt nicht ausfindig macht, ist es vorbei – das weiß er. Er kennt sie. Nach einer Viertelstunde, in der er sämtliche Wege und Bänke des Hofgartens abgelaufen hat, sinkt er auf einer Parkbank neben einem alten Mann nieder. Er atmet schnell und heftig und der alte Mann dreht ihm verwundert seinen Kopf zu. Mit einem geübten Handgriff – so schnell, dass die Augen seines Banknachbarn nicht folgen können – holt er sein Handy aus der Tasche und erblickt ihr Foto auf dem Display. Er hatte es vor zwei Wochen als Hintergrundbild gespeichert, nachdem er sie vor der sonnenbeschienenen Außenwand des Jugendclubs Haidhausen abgelichtet hatte. Sie hatte immer nur ernst geschaut und er machte so lange Blödsinn, bis sie lachte. Er sieht sich das Bild ein letztes Mal an, bevor er den Menüpunkt ‚Einstellungen' wählt und das Foto löscht. Dann tritt er mit seinem rechten Fuß so heftig in den Kies, dass sein Bein zu schmerzen beginnt. Ein winziges Staubwölkchen weht zu den Rabatten mit den blauen Stiefmütterchen und löst sich dort auf. Auch für ihn war die Geschichte nun zu Ende. Sie liebte ihn nicht wirklich. Er hatte den Beweis.

Mit einem sehr viel langsameren Handgriff steckt er sein Handy in die Hosentasche und stiert auf den Pavillon in der Mitte des Hofgartens. Ein Pärchen übt in der kleinen Halle Tanzschritte ein und das Mädchen lacht und wirkt verlegen. Aus dem Prachtsaal der angrenzenden Residenz dringt mattes, gelbes Licht. Ein großer Schwarm Saatkrähen zieht einen Bogen um die graue Kuppel der Staatskanzlei.

„Junger Herr!“ Der alte Mann spricht ihn an.

Er reagiert nicht.

„Darf ich Sie etwas fragen, junger Herr?“ Seine Stimme klingt hell und zart. „Sie haben da gerade etwas in ihre Hosentasche gesteckt. Und zuvor tippten sie darauf herum. Das war ein Handy, nicht wahr?“ Er reagiert nicht.

„Sie müssen nicht glauben, ich sei zu dumm, um das nicht zu wissen. Ich kenne Handys. Obgleich ich eingestehen muss, noch nie eines bedient, geschweige denn benutzt zu haben. Ich telefoniere von gewöhnlichen Apparaten. Und wenn ich mal unterwegs bin, wie heute, und jemanden ...“

„Ja, ja, ja, ja!“ Er unterbricht ihn. „Es ist ein Handy, Opa! Es ist ein Handy.“

„Ich sah auch, dass Sie vorher mit dem Fuß stapften. Das Leben heute gestaltet sich nicht mehr leicht für die jungen Menschen. Ich bin froh, dass ich alt bin und nicht mehr jung, wie Sie.“

„Ich bin auch froh, dass Sie alt sind, Opa!“

„Sie sind jemand, der Staub aufwirbelt. Das spüre ich.“

„Was wirbele...?“

„Ich war ähnlich.“

„Sie sind alt. Ich bin jung.“

„Ich würde ja gern verstehen, wie diese Handys funktionieren. Wenn ich Ihnen nicht zu sehr auf die Nerven falle ... dürfte ich Sie vielleicht... darf ich Sie bitten, mir die wichtigsten Funktionen stichpunktartig zu erläutern?“

„Oh, Opa! Du kommst mir gerade recht, Mann!“ Er verdreht die Augen zum Himmel.

„Ich will Sie unter keinen Umständen ...“

„Pass auf, Opa.“ Wie einen Revolver zieht er sein Handy aus der Hosentasche. „Das ist ein Yuta Bennigsen 300. Ach! Das verstehst du sowieso nicht. Ein verdammt geiles Teil jedenfalls.“

„Das ist ein gutes Handy, aha.“

„Richtig, Mann! Das ist gut. Pass auf! Du hältst es an deine Ohr hin und redest.“

„Ist das so einfach? Muss man nicht mehr wählen?"

„Nein. Du tippst einfach auf die Symbol von deiner Freundin. Hast du eine Freundin? ... Ach, ich hab auch keine ..."

„Sie ist gestorben."

„Egal! Pass auf! Ich erklär dir nur das Handy. – Willst du mal halten?"

„Ha! Sehr gern. Ich gehe auch ganz behutsam um damit!"

Er überreicht dem alten Mann vorsichtig sein Mobiltelefon. Der hält es unbeholfen in seiner großen Hand.

„Das ist winzig klein – Ich hörte, man kann auch damit schreiben."

„SMS."

„Wie bitte?"

„SMS, Mann!"

„Kann ich jetzt mal etwas schreiben?"

„Nein, Mann."

„Du schreibst wahrscheinlich Liebesbriefe, meistens." Der alte Mann lacht ihn voller Freude an.

„Ich habe geschrieben, Mann! Ich habe geschrieben."

„Und was schreiben sich junge Menschen heute – wenn ich indiskret sein darf?"

Er blickt den alten Mann fragend an und meint darauf: „Ich liebe dich / Ich hasse dich / Ich töte dich."

„Kein besonders schöner Reim, den Sie da zum Besten geben."

„Du warst mein Raumschiff / Und ich war dein Stern / Dann bist du gestartet / Zürück bleibt nur Lärm."

„Der Reim ist besser. Aber das Gedicht klingt traurig."

„Kann ich mein Handy wiederhaben?"

„Entschuldigen Sie! Ich vergaß ganz. Bitte!" Dankbar reicht er dem jungen Mann sein Handy zurück. Der legt es in seine Handinnenfläche, betrachtet es nachdenklich, dreht es einige Male und setzt hinzu: „Du willst keinen Dieb! / Ich hatte dich gern / Ich habe kein Geld / Du küsstest so gern." Er neigt sich zu dem alten Mann. „Ey, sie hatte mich echt gern. Sie war verrückt nach mir. Ich habe alles gemacht für sie. Ich wollte es ihr zeigen. Ich habe was gestohlen für sie. Ja, und! Was regt die sich so auf. Ich bring's wieder zurück. Ich schwör's dir. Ich bring den Scheiß wieder zurück in den Laden. Ich werf's denen hinter ihre Scheiß Theke."

Er springt auf und rennt los. Nach wenigen Metern dreht er sich nochmals um und ruft: „Mach's gut! Respect!!" Er rennt diagonal über den Odeonsplatz und springt die Stufen zur Feldherrenhalle hinauf. Oben angekommen sucht er nach dem Bündel Kleider und hebt es auf. Er steckt es unter seinen linken Arm und rennt durch die Theatinerstraße bis vor die Schiebetüren des Bekleidungsgeschäftes. Innen brennt noch Licht und drei Verkäuferinnen sind mit dem Aufräumen beschäftigt. Die Lichtschranke der Schiebtüren reagiert indessen nicht auf seinen Körper. Sie haben bereits geschlossen. Er sucht nach einem Ort, wo sich die gestohlenen Kleidungsstücke deponieren lassen. Schließlich entdeckt er einen breiten Briefkastenschlitz mit der Aufschrift des Modeunternehmens. Da sich das Bündel nicht einschieben lässt, löst er den Knoten und wirft die Teile einzeln ein. Er kratzt sich heftig hinterm Ohr und nimmt sein Mobiltelefon in die Hand. Er öffnet die Nachrichtenoberfläche und schreibt: „Ich liebe dich. Du weißt, dass ich dich liebe. Schreib mir, wo du bist!"

Makarenko

Mein Psychoanalytiker ist nicht bei der Sache. Eben hat er das Herzleiden meines Vaters mit den Herzrhythmusstörungen meiner Ex-Freundin verwechselt. Ich weise ihn nicht darauf hin, um meine Analyse nicht zu gefährden. Überhaupt, er ist krank, verschnupft, und ich habe schon ein schlechtes Gewissen, weil er die Sitzung überhaupt durchführt und mir nicht absagte. Ich versuche, ihn also zu schonen. Er soll möglichst wenig reden, während ich ihn bei Laune halte und rede und rede und dadurch keine ...

„Weswegen reden Sie so schnell?"

„Ich?"

„Ja. Sie reden heute, als würden Sie verfolgt, und ihr Leben in Gefahr, wenn Sie nur einen Moment innehielten."

Ich sage ihm nicht, dass ich ihn schonen muss. „Ich bin aufgeregt."

„Und weswegen?"

„Weil ich Angst habe, krank zu werden."

„An welche Krankheit denken Sie?"

„An Schnupfen!"

Ich muss aufpassen, dass er mich nicht knackt. Seit anderthalb Jahren wird er von mir hinters Licht geführt. Ab und an wird es gefährlich, und er kommt meinen Absichten bedenklich nahe.

„... Nein, nicht Schnupfen... ich ... ich rede so schnell, weil ich Angst habe, nicht genügend Zeit zu haben, um Ihnen erzählen zu können, was letzte Nacht passiert ist."

„Was war denn?"

Ich habe ein erklärtes Ziel. Ich möchte ihn wahnsinnig machen. Mittlerweile kenne ich seine Schwächen. Ich weiß genau, bei welchen Themen er schwächelt. Er ist kein Mann. Er hat keinen Sex.

„Ich hatte Sex."

„Ja?"

Ich kenne sämtliche Nuancen seiner Stimme. Deren Timbre schlägt stets ins Nasale um, wenn er enttäuscht ist – enttäuscht, dass ich Sex habe und er keinen. Ich muss nicht mal lügen. Ich habe tatsächlich ständig Sex. „Es war die Hölle!"

„Weswegen?"

„Weil ich permanent ein schlechtes Gewissen hatte, ihr Herz am nächsten Morgen zu brechen, indem ich sie rausschmeiße und ihnen vor den Kopf knalle, dass ich sie nicht liebe."

Auch das ist nicht gelogen. Ich schmeiße sie wirklich alle am nächsten Morgen raus und beleidige sie übelst. Fühlt sich recht gut an.

„Wie fühlt es sich für Sie an, wenn Sie eine Frau am nächsten Morgen rausschmeißen?"

„Ähm ... beschissen. Es ist echt scheiße. Ich will es nicht tun, aber ich tue es."

„Weswegen?"

„Weil ich Angst vor Beziehungen habe. Angst, dass sie jeden Morgen neben mir aufwacht und mich fragt, ob ich mein Frühstücksei weich oder hart will."

Alles Allgemeinplätze. Und er steigt jedes Mal darauf ein. Je platter, desto leichter springt er an.

„Ich muss Ihnen das Mädchen beschreiben. Sie war wirklich ... sie hatte unglaubliche ..."

Meine Methode zeigt Wirkung. Als ich die Analyse anfing, war er ein langweiliger, aber zufriedener Junggeselle. Und jetzt, nach anderthalb Jahren, ist er immer noch langweilig, hat aber endlich erkannt, dass er niemals einen Stich kriegen wird. Seit einem halben Jahr baut er kontinuierlich ab, wirkt unsicher und verfahren, verwechselt Termine oder ist wochenlang krank.

Er ist der Patient und ich bin der Arzt.

Komisch. Aber heute tut er mir leid. Ich werde ihn ein bisschen schonen. Ich lasse meine Weibergeschichten weg und plaudere über meine Mutter mit ihm.

Dann macht er wieder die Ödipus-Story und vermittelt mir indirekt, dass ich meinen Vater töten und mit meiner Mutter schlafen will: Der ganze ekelhafte Freud-Dreck eben.

„Letzte Nacht habe ich von meiner Mutter geträumt –" Träume gehen immer!

„Was haben Sie denn geträumt?"

Dieser Mensch hat keine Ahnung, dass meine Mutter selbstsüchtig und kalt war und für kleine Kinder äußerst ungeeignet. Er wird es auch niemals von mir erfahren.

„Ich träumte, dass sie einen grünen Kranz im Haar trug und noch sehr jung war. Sie ging über einen weiten, menschenleeren Kirchhof. Ich sah immer nur ihren Nacken und den feinen blonden Saum ihres Haaransatzes. Ich ging dicht hinter ihr. Sie wandte sich nicht um. Wahrscheinlich wusste sie nicht, wer hinter ihr war. Dennoch wagte ich nicht, sie anzusprechen. Selbst mein lautes Auftreten im Kies beeindruckte sie nicht, obgleich ich mit jedem Mal stärker auftrat und am Schluss nur noch stampfte. Da blieb sie stehen und verharrte einige Minuten, wie in Totenstarre.

„Was taten Sie während dieser Zeit?"

„Ich stand da, mit angezogenen Schultern, und konnte nicht mal atmen. Sie drehte ihren Kopf wie auf einem Teller zu mir, während ihr Rumpf weiter unbeweglich nach vorn gerichtet war.

„Und?!"

„Es war ein Mops."

„Wie bitte?" Mein Therapeut beugt sich vor.

„Ein Mops. Sie war ein Mops. Sie hatte ein winziges Hundegesicht, dunkelbraun, Ohren weit abstehend."

Ich muss mich zusammenreißen, um nicht loszulachen.

„Sind Sie nicht sehr erschrocken, in dieser Situation?"

„Wieso?"

„Weil Ihre Mutter ein Hund war."

„Meine Mutter ist eine Seele von Mensch. Ich lasse nichts auf meine Mutter kommen!" - Sie war der letzte Dreck.

„Ich rede nicht von Ihrer realen Mutter, sondern von der

Mutter in Ihrem Traum.“

Meine Bauchmuskeln beginnen zu zittern. Ich stelle mir das Mopsgesicht vor und das dumme Gesicht meines Analytikers, es fällt mir zusehends schwerer, nicht loszuprusten. Weswegen glaubt er diesen ganzen Bullshit?! Ich setze noch eins drauf:

„Und dann ist der Menschkörper mit der Tierfratze wie ein Stock zur Seite gekippt, am Boden aufgeschlagen und hat einmal laut gebellt.“

Er schweigt. In die Stille brülle ich: „Wuff.“ Dann kann ich es nicht mehr halten. Mein Körper biegt sich vor Lachen auf der Couch und aus meinen Augen rinnen Tränen. Durch die nahezu geschlossenen Lider erkenne ich, dass mein Analytiker regungslos bleibt. Ich kann nicht mehr aufhören und muss nach Luft ringen. Nachdem ich fünf Minuten wie ein Kranker gelacht habe, tut er mir wieder leid und ich reiße mich zusammen.

„Was war denn gerade eben?“

„Ich musste lachen.“

„Das habe ich bemerkt.“ Seine Stimme hört sich sanft und vertrauensselig an.

„Ich musste über Sie lachen.“

„Über mich?“

„Ja, über Dich.“ Ich erschrecke und verbessere mich laut: „Ich meine, über Sie.“ Versehentlich geduzt hatte ich ihn bisher noch nie. Das ist mir noch nie passiert.

„Sie werden rot.“

Im gleichen Moment spüre ich, wie noch mehr Blut in meinen Kopf stößt.

„Ich werde nie rot.“

„Was ist so schlimm daran, rot zu werden?“

Ich versuche, über die Atmung mein Anlaufen anzuhalten. Ich atme langsam und leise. Es kommt noch mehr Blut.

„Irgendetwas ist eben passiert, als Sie mich versehentlich duzten.“

„Das tut mir leid. Ich wollte Sie nicht duzen. “
„Aber es ist ihnen rausgerutscht.“
„Es tut mir verdammt noch mal Leid – Wenn ich´s Ihnen doch sage! Können Sie das nicht annehmen, scheiße?“ Meine Wangen brennen und meine Stirn glüht.
„Ich nehme Ihre Entschuldigung an. Aber warum ist es denn so schlimm für Sie, dass Ihnen das versehentlich rausgerutscht ist?“
„Es ist mir egal.“
„Das ist es Ihnen nicht.“
„Ich duze, wen ich will.“
„Hat das Ganze etwas mit ihrem Traum von dem Mops zu tun?“
„Nein. Es hat damit etwas zu tun, dass Sie keinen Sex haben. Es ist, als würde ein katholischer Priester bei der Sonntagsmesse den Eltern erzählen, wie sie ihre Kinder zu erziehen haben. – Und das, obwohl er selbst überhaupt keine Kinder hat und keine Ahnung hat von alledem.“
„Wie kommen Sie darauf, dass ich keinen Sex haben könnte?“
„Sie haben Angst davor. Sie haben Angst, dass Sie keinen hochkriegen.“
„Aha.“
„Und Sie kriegen nie eine ab. Da läuft schlicht gar nichts bei Ihnen!“
„Interessant! Ich bin seit acht Jahren verheiratet und habe vier Söhne. Da müsste ich zumindest viermal Geschlechtsverkehr gehabt haben.“
„Sie reden Scheiße!“
„Weshalb sind Sie jetzt so ordinär? Warum sind Sie so wütend auf mich?“
„Sie sagten etwas gegen meine Mutter, vorher!“
„Ich sprach lediglich von ihrem Traum und der Form, in welcher Ihnen Ihre Mutter darin begegnete.“
„Ich habe den scheiß Traum erfunden. Er ist erstunken und erlogen. – Wie alles. Ich erzähle Ihnen seit anderthalb Jahren nur Lügen und Schwachsinn.“

„Warum tun Sie das?"
„Es macht mir Spaß."
„Ihre Mutter war keine Heilige!"
„Kann sein. Meine Mutter war der letzte Dreck. Sie hat uns wie Scheiße behandelt. Sie hat mich bei unseren Ostseeurlaub mit dem bepissten Bettlaken, in das ich in der Nacht reingemacht hatte, in der Hand durch das scheiß Urlaubskaff laufen lassen. Damit jeder es sehen konnte."
„Hat sie das wirklich getan?"
„Ja, zufällig entspricht das der Wahrheit. Das war die Erziehungsmethode so eines beschissenen Chinafritzen, eines Pädagogen Mao Tse Tungs. Und weil wir im scheiß Osten gelebt haben und meine Mutter eine scheiß Parteifotze war, hat sie den ganzen Dreck gelesen und sich auch penibelst daran gehalten."
„Das muss schrecklich gewesen sein, für ein kleines Kind!"
„Was denken Sie!?"
„Warum wollen Sie mir nicht ein bisschen mehr von Ihnen erzählen?"
„Weil das nur Dreck ist, beschissene Scheiße!!"
„Ich würde es aber gern hören."
„Sie sind doch ein Idiot! Weshalb sollte ich einem Idioten etwas aus meinem Leben erzählen?!"
„Vielleicht, weil auch ein Idiot ein guter Zuhörer sein kann."
„Meine Mutter war entsetzlich. Einen Vater gab es nicht. Damit ist alles gesagt."
„Jener kultivierte und großzügige Architekt existiert demnach nicht?!"
„Einen Scheißdreck tut er! Jedes Schaltjahr kam ein neuer Liebhaber, der meine Mutter so lange auf Händen trug, bis sie ihn schließlich rausschmiss. Danach standen sie noch wochenlang vor unserer Tür und drohten, sich umzubringen. Mich gab es nicht. Ich existierte nicht. Es gab nur sie."
„Könnte das ein Grund sein, weswegen sie Frauen so schlecht behandeln?"

„Wieso reden Sie überhaupt mit mir?“
„Weil ich Ihr Therapeut bin.“
„Und Sie verdammt gutes Geld dafür bekommen! Was kriegen Sie denn pro Sitzung?“
„Hundertzwanzig Euro, plus achtzig Euro Gefahrenzulage.“
„Weil ich zwei alte Weiber gekillt habe.“
„Richtig.“
„Cooles Geld!“
„Aber das ist nicht der Grund, weswegen ich hier sitze. Ich will mit Ihnen arbeiten!“
„Und wenn ich Ihnen an die Gurgel springe und Ihr kleines Familiendaddyleben ruckzuck beende?“
„Dieses Risiko gehe ich ein.“
„Ich wusste doch, dass Sie dumm sind.“
„Und? Was sollen wir nun tun?“
„Ich bringe Sie um. Ist doch ganz einfach. – Nein. War nur ein Scherz.“
„Sie werden wieder rot.“
„Ja?“
„Ja.“
„Sie sind eigentlich ganz o.k.“

Lupus

„Das ist doch eine Finte! Die wollen uns reinlegen!“

Der Kleinere steht breitbeinig und mit nach außen gerichteten Füßen dicht vor der Frau im silbergrauen Business-Kostüm. Er schreit fast: „Niemals wurde das Hofbräuhaus von Mönchen gegründet, und niemals gab es hier ein Kloster!“

Der Größere, Ältere im anthrazitgrauem Armani-Anzug wirft seine rechte Hand in die Luft, winkt und ruft in eine Gruppe Vorbeiziehender: „Hallo, hallo, hallo! Wer hier weiß, wer das Hofbräuhaus gebaut hat?“

Ein junger Amerikaner löst sich aus der Gruppe und erwidert aufgekratzt: „I love Germany. I love Munich. Would you be so kind and take a picture of me in front of the Hofbräuhaus?“

Der Größere winkt mit wegwerfender Geste ab und wendet sich den beiden anderen zu: „Wir müssen da rein. Wir müssen drinnen fragen.“

Nüchtern, die Frau: „Lesen Sie nochmals die Aufgabe vor!“

Flugs zückt er ein sperriges Aluminiumklemmbrett, auf dem ein einzelnes Blatt eingespannt ist. Auf dem Blatt steht: Assessment Center, Finalrunde.

Während der Größere die Frage vorliest, muss er an das milde Lächeln des jungen Coaches denken, als der ihnen vor drei Stunden – da waren sie noch zu siebent – die Anweisung gegeben hatte, so schnell wie möglich von eins bis zehn zu zählen. Jeder tat es. Bis auf ihn und die zwei, die nun mit ihm zusammen die breite Türschwelle des Münchner Hofbräuhauses überschreiten: Sie sind der Rest.

Blasmusik.

Der Große weiß, er ist der Beste.

Die Frau und der Kleinere sind sportlicher, moderner.

Aber er ist härter.

Er ist kalt wie Eis.

Permafrost.

Er hat beobachtet, wie der Kleinere der Frau – sie war viel zu jung für eine solche Führungsposition – schöne Augen machte. Im entscheidenden Augenblick würde er das auszunutzen wissen.

Scheppernd stürzt ein Tablett zu Boden. Ein Betrunkener springt dem Großen auf den Rücken und klammert sich an ihm fest. Er versucht, ihn abzuschütteln, doch dessen Beine sind längst vor seinem Bauch verschränkt. Der wüste Atem des lachenden Klammerers dringt in seine Nase. Unweigerlich beginnen die zwei anderen zu lachen. Die chinesischen Landsleute des Klammernden versammeln sich halbkreisförmig um die wankende Skulptur, klatschen und fotografieren. Der große Alte krächzt und spuckt. Dann beginnt er, mit der spitzen Ecke des Klemmbretts auf die Hüfte des Chinesen einzuschlagen. Der kreischt, lacht noch lauter. Mögliche Lösung: Sich nach hinten auf den Boden werfen, wodurch der Chinese mit dem Kreuz auf den Steinfliesen aufprallt und die Umarmung löst. – Ein Krachen. Der Chinese windet sich zuckend auf dem Boden, schreit.

„Ha! So löst man Probleme." Der Alte wendet sich wieder an seine zwei Begleiter. „Los, los, los. Fragen wir den Schankwirt. Der muss das wissen, ob Mönche oder keine Mönche!"

Nach einem verängstigten Blick der Geschäftsfrau in Richtung des sich auf dem Boden windenden Touristen schieben sich die Drei durch die johlend tanzende Menge zur Schanktheke. Als der Chinese ihn traktierte, hatte der alte Große kurz an die Doktortitel der beiden anderen denken müssen. Er besaß keinen. Er war von ganz unten nach ganz oben gedrungen. Bildungsfern. Handelte, während andere dachten. Clou: Man muss sich selbst nur genug hassen, um sich für das, was für den großen Erfolg nötig war, ausreichend schlecht behandeln zu können. Er war Krieg. Wo er hintrat, blieben Krater zurück. Der Trick: Innen schon tot sein, um keinen Tod mehr zu fürchten.

Den kräftigen Kleineren, er hatte ihn beobachtet, tja!, ... viel zu leidenschaftlich. Noch nicht ausreichend oft gedemütigt und verletzt, wie er. Das kleinste bisschen Hoffnung musste zerstört werden. Hatte er mal Hoffnung verspürt, im Laufe seiner Berufskarriere, verlor er stets. In der Hölle, seinem Ort, konnte er das Licht nicht einschalten. Sonst würde er blind.

Ein Tusch. Geschlossen erhebt sich die Blaskapelle. Die Menge singt einen Schlager. Ein Kellner erklärt lachend: Das Hofbräuhaus wurde doch nicht von Mönchen gegründet. Andechs schon, oder Paulaner. Aber nicht das Hofbräuhaus. Wilhelm V., ein bayerischer Herzog, gründete das Staatliche Hofbräuhaus!

Nächste Aufgabe:

Soziale Kompetenz – „Machen Sie eine Fotografie, die Sie gemeinsam mit fünf Obdachlosen auf den Stufen der Staatsoper zeigt." Die Frau rümpft die Nase und schüttelt den Kopf. Der Kleinere meint: „Das wird nicht einfach. Die sind oft komisch." Der Größere stemmt die rechte Hand in die Hüfte: „Die bezahlen wir. Das ist ganz einfach. Wie viel Bargeld haben Sie dabei?" Er fasst nach seinem Portemonnaie und zieht achtlos fünf grüne Scheine hervor. „Das müsste reichen."

Mit zurückweichendem Kopf kontert die Frau: „Wir müssen soziale Kompetenz beweisen. Und falls uns jemand beobachtet, vom Assessment Center, und rauskommt, dass wir das Ganze einfach mit Geld lösen ..."

„... das ist korrekt!", unterbricht sie der Kleinere. „Ich habe von Fällen gehört, bei denen Testgruppen beim Erfüllen der Aufgaben gefilmt worden sind."

„Probleme löst man mit Geld", erwidert der Große und steckt seine Geldbörse zielsicher in die Hosentasche zurück. Er wendet sich an den Kleinen und blickt ihm tief in die Augen: „Wieso betteln Bettler?"

Keine Antwort.

Der Ältere erklärt: „Ich beweise soziale Kompetenz, indem ich deren Bedürfnisse erkenne. Penner wollen mit niemandem reden oder Händchen halten."

Im gleichen Augenblick überfällt den Großen ein Einfall. Er schlägt vor: „Wir trennen uns. Wer die Bettler ranschafft, ist egal. Hauptsache, wir kriegen das Bild!"

So läuft's: Er wird die Bettler bezahlen, das Bild ohne die zwei anderen machen und die restlichen Aufgaben allein erledigen. Kaum sind die beiden anderen einvernehmlich in verschiedene Richtungen verschwunden, befühlt er mit seinem Daumen die Kanten des Klemmbretts, unter dessen Klammer sich Stofffetzen vom Pullover des Chinesen eingezogen haben. Die haben übersehen, dass er das Brett hat. Das Blatt, die Aufgaben. Sie haben sich auf den Wettstreit, wer die Bettler schneller kriegt, eingelassen. Den hatte zettelte er absichtlich angezettelt. Wie Doktortitel den Instinkt versperren können. Mehr Wissen, mehr Moral. Da! Eine Bettlerin. Auf dem Boden.

„Hallo!" Er zückt einen grünen Schein.

Die Frau öffnet lächelnd ihren Mund und ein einzelner schwarz taillierter Schneidezahn kommt zum Vorschein.

„Hier! Da." Er fuchtelt mit dem Schein. Als sie danach greifen will, zieht er ihn weg. „Komm mit. Komm. Du kriegst das Geld, wenn du mitkommst."

Mit einer ungelenken und dennoch zügigen Halbdrehung steht die Frau, die ein verkürztes Bein hat, auf und folgt dem Mann im Anzug. Sie wimmert: „Gutes, gutes Herz!, großer Mann." Eine Viertelstunde später hat er drei weitere im Schlepptau. Einer flucht unaufhörlich und der Hall seiner Stimme ist gewaltig. Er geht auf einen Holzstock gestützt, der mit Hunderten von Nägeln beschlagen ist und schreit: „Aufstellen! Eine Reihe! Los ..." Und nach kurzer Pause: „Anlegen! ... Schießen!" Nachdem er mit der Zeit den Schießbefehl für sicherlich hundert Menschen gegeben hatte, kommen sie endlich bei den Stufen der Staatsoper an. Einer zu wenig. Es sind nur vier.

Der alte, große Geschäftsmann spricht irgendeinen Passanten an: „Wollen Sie sich einhundert Euro in vier Minuten verdienen?"

Der Passant geht weiter.

„Warten Sie! Hier. Ich gebe Ihnen das Geld in die Hand. Sie können es jetzt schon haben. Es gehört Ihnen."

„Ich will ihr Geld nicht."

„So etwas habe ich noch nie gehört!"

„Stecken Sie sich ihr Geld sonst wohin!"

„Sind Sie dumm?"

Der Passant bleibt stehen. „Wie bitte!"

„Jeder will Geld."

Der Passant geht weiter.

Der Alte rennt ihm einige Schritte hinterher und steckt den Schein in seinen hinteren Hemdkragen. Der Passant wendet sich um und versucht, mit der linken Hand den Geldschein unter seinem Hemd zu fassen zu bekommen. Der Große holt nochmals einen Hunderter aus der Geldbörse und steckt ihn in die linke Hosentasche des Passanten.

Der schreit: „Was wollen Sie?!"

„Fünf Minuten."

„Ist ja gut! Beruhigen Sie sich. Was soll ich denn tun?"

„Ich muss ein Foto machen. Ich brauche Sie für ein Bild." Er zeigt mit seinem Finger auf die Stufen der Staatsoper und sieht, wie sich die Frau und der Kleinere im gleichen Augenblick mit fünf weiteren Personen auf der Treppe postieren. Ohne dem Passanten oder seinen Obdachlosen einen weiteren Blick zu schenken, spurtet der Alte in Richtung der Treppen. Dort drängt er sich hinter die Posierenden und lächelt in die Kamera.

„Geld verdirbt den Charakter", bemerkt er, ohne die Lippen zu bewegen, hörbar, während die Gruppe reglos der Betätigung des Auslösers harrt. Auch er lächelt in die Kamera. Sein Lächeln ist echt. Er muss nichts vorschützen.

Es sagt: „Ich drehe mich nach dem Wind. Charakter schränkt nur ein. Ich bin frei. Das werdet ihr nie sein!"

Die Frau verliest die dritte Aufgabe.

Der Alte hat ihr zuvor das Klemmbrett in die Hand gedrückt, sich großmütig gewähnt. Nun liest sie und sein Blick bleibt an ihren Lippen hängen. Er konzentriert sich nicht auf die Aufgabe. Er sieht die Frau zum ersten Mal wirklich. Sie gefällt sie ihm. – Aber stopp! Das kann nicht sein. Sie ist asexuell. Er kennt ihr Dossier. Familienstand: Ledig. Sie ist frigide. Nett anzusehen, denkt er, doch seit Jahrzehnten ohne Sex. Zuhause wartet irgendein kleiner Hund. Oder besser: ein großer. Zwei Hunde! Groß, schwarz, kurzhaarig. Ekelhaft!

„Suchen Sie einen Friseursalon auf und lassen Sie sich die Haare auf einen Zentimeter kurz scheren!"

Unvermittelt lacht der Alte auf, weil er sich die Frau vorstellt: Geschoren, endgültig besiegt. Juchzt: „Auf zum Barbier! Das wird ein Spaß!"

Sie kneift die Augen zusammen und blickt ihn grimmig an:

„Dann ist von hier an die Sache für mich beendet."

Der Kleinere pflichtet ihr bei: „Ich mache da auch nicht mit. Und wenn sich keiner von uns die Haare abschneiden lässt, bleiben wir alle im Rennen."

Der Große prustet vor Vergnügen und Entsetzen und meint:

„Also ich ... ich werde mir gleich einen richtig flotten Kurzhaarschnitt zulegen." Der Kleinere kommt sehr nahe an ihn heran: „Überlegen Sie mal, wie das am Schluss aussieht! Einer steht gegen zwei. Und bei dieser ganzen Challange geht es doch vor allem um eins: Teamfähigkeit."

„Ich weiß. Deswegen sollten auch Sie sich die Haare stutzen lassen!"

„Nein. Wir sollten gemeinsam zu einer Lösung kommen."

„Sie sagten doch schon, zwei gegen einen. Zwei Männer gegen eine Frau."

Der Jüngere betrachtet den Älteren und dann die Frau.

Dann senkt er seinen Kopf und entfaltet ihr: „Vielleicht machen Sie dann das Rennen! Wenn wir beide geschoren sind und Sie sich nicht haben brechen lassen."

Der Größere nickt zustimmend.

Und der Kleinere fügt hinzu: „Außerdem sind Sie eine Frau und sollten dazu stehen. Das bringt Ihnen sicher mehr ein, als mit Stoppeln herumzulaufen."

Die Frau holt tief Luft und wird augenblicklich blass. Der Größere lächelt liebevoll. Denkt: Eine gelungenere Herabsetzung wäre selbst mir nicht gelungen. Und: Menschen funktionieren einfach. Folgende Grundregel: Man muss dem Gegenüber das Gefühl vermitteln, der Einfall käme von ihm. Hierzu muss die Idee vorher in ihn eingepflanzt werden. Ganz sachte, unmerklich. Und wenn der andere den Einfall dann ausgesprochen hat, bleibt einem nur noch zu staunen, über so viel Genie und Ideenkraft.

Während die beiden Männer auf einen Friseursalon zugehen und der Größere mit einem lässigen Handgriff sein Sakko aufknöpft, geht die Frau tattrigen Schrittes neben ihnen, schweigt, Blick: Leer, geradeaus.

Im Salon: Die beiden Männer stecken sich abwechselnd einen Zwanzig-Euro-Schein zu.

„Ich zahle deinen Kahlschnitt!"

„Nein, ich bezahle."

Auf dem Friseurstuhl veräppeln sie sich gegenseitig. Bald lachen sämtliche Friseurinnen. Die Frau sitzt im Wartebereich und nippt an einem Glas Wasser. Eine halbe Stunde später draußen verliest der Jüngere, immer noch aufgedreht, die letzte Aufgabe.

Da meint die Frau urplötzlich: „Ich gehe noch einmal rein. Macht ihr ruhig weiter, ich finde euch schon. Ich lasse mir auch die Haare schneiden!" Sie verschwindet und die beiden Männer sehen sich sprachlos an.

Wie sich alles von selbst löst, denkt der Große. Die ist aus dem Rennen. Sie findet uns niemals. Und den Kleinen – den erledige ich jetzt. Nur bei Laune halten, Blödsinn machen. Sowie er völlig entspannt ist, trete ich ihn weg.

„Die ist so von Ehrgeiz zerfressen. Die kommt wahrscheinlich mit Glatze raus“, meint der Große nüchtern und der Jüngere lacht und lacht.

Während sie die Brienner Straße entlanggehen, erblickt der Ältere das von Leo von Klenze erbaute Palais, Hauptsitz des Weltkonzerns, für den er ab Ersten Mai arbeiten wird – da der Matchball, der in der nächsten Stunde anstünde, an ihn gehen wird.

Wie edel doch Arbeit ist. Sie bindet. Arbeit wird entlohnt. Vermag zu heilen. Stellt sich nicht in den Mittelpunkt und prahlt nicht. Arbeit ist geduldig. Gibt und nimmt im Gleichmaß. Wiederkehr des ewig Gleichen. Trost. Leben! Arbeit ist Leben. Das Leben.

„Vor dem Pelzhaus Rieger findet um 15 Uhr eine Demonstration von Tierpelzgegnern statt. Sympathisieren Sie mit der Gruppe und versuchen Sie, einen eigenen Slogan als Sprechchor durchzusetzen.“

Der Größere schlägt den Kleineren mit einem unmäßig starken Ruck auf die linke Schulter und meint: „Dann wollen wir die militanten Tierschützer mal aufmischen und ihre Strategien ein wenig verbessern.

Der Kleinere lacht und meint: „Die Sakkos sollten wir vielleicht besser ausziehen und unsere Krawatten in den Hosentaschen verschwinden lassen. Sonst denken die noch, wir sind die Bösen!“

Der Größere fasst ihn grob von hinten an den Nacken und beginnt, seinen Krawattenknoten zu lösen.

Nachdem der Kleinere erst erschrickt, lacht er nun kurz auf.

Im nächsten Augenblick zieht ihm der Größere die Krawatte aus dem Hemdkragen und als der nach ihr fassen will, hat sie der Größere bereits zusammengeknüllt und mit großem Schwung in das Wasserbecken eines Brunnens geworfen.

„Das waren gerade vierhundertfünfzig Euro", meint der Kleinere mit sehr leiser Stimme.

„Noch hast du geschätzte dreitausend am Leib!"

„Das ist allerdings korrekt." Ein verhaltenes Lachen.

Aus der Ferne ertönen Rufe aus Megafonen und gellende, von Band gespielte Tierstimmen. Um den Stand der Aktivisten stehen Klappbretter mit Fotografien von verendenden Mardern und Nerzen und kahl gerupften Hühnern in Legebatterien. Abschätzige Blicke, als die beiden sich unter die Gruppe rot gekleideter Demonstranten mischen. Sie hatten vereinbart, einzeln zu agieren. Falls einer scheitert, würde der andere ihn rein holen – Vorschlag des Größeren.

Der bekommt ein Faltblatt in die Hand gedrückt, als er auf eine kleine, stämmige Aktivistin zugeht. Liest rein und schnappt einen Begriff auf: „Häuten." Meint zu ihr: „Werden die Marder tatsächlich lebendig gehäutet?"

Sie betrachtet ihn. Beunruhigt: „Wie kommen Sie denn auf so etwas?!"

Er gerät ins Stocken: „Die ... die ... also irgendwie muss man diese Tiere doch töten!"

„Aber lebendig häuten?"

„Das wäre doch besonders grausam!"

„In der Tat! Aber niemand tut so etwas."

„Passen Sie auf. Ich will ehrlich sein. Ich kenne mich mit diesen Dingen nicht aus. Dafür gibt es Leute wie Sie! Um offen zu sein, früher hatte ich ausschließlich Arbeitstaschen aus Tierleder. Bis zu dem Tag, als mir meine 14-jährige Tochter bewusst machte, dass alle Dinge, die man kauft, besitzt oder isst, eine Auswirkung haben. Schließlich musste ich ihr versprechen, als Geburtstagsgeschenk einmal für eine Tierschutzvereinigung tätig zu werden, nachdem ich jahrzehntelang als Werbestratege nur Weltmarktführern zugearbeitet hatte. Eine kleinere Kampagne! Sie verstehen?"

Die Aktivistin wich einen Schritt zurück, als er sprach, und blickt ihn nun mit weiten Augen an. Nach kurzem Zögern meint sie: „Ich muss ... also ... da sollten wir mal mit dem Gründer unserer Vereinigung sprechen. Er ist zufällig heute anwesend."

Mit angespanntem, festem Schritt bahnt sie ihm einen Weg durch die Rotfarbenen. Die stehen jetzt geschlossen vor dem Eingangsbereich des Pelzmodenhauses und brüllen. Im Gehen blickt die Aktivistin hastig nach hinten, sich versichernd, ob er folgen kann. Blinzelt ihm zu.

Nach eindringlicher Unterredung mit dem Aktivistenführer werden Visitenkarten ausgetauscht und Hände geschüttelt (kräftig). Die Protestrufe des Sprechchors schwellen an. Kurzum greift der Große nach einem Demonstrationsbanner und drängt sich in die vorderste Reihe der Rufenden. Er hält das Banner mit beiden Händen in die Höhe, und als der Verkaufsleiter des Modehauses vor der Eingangstür erscheint, schneidet der Große eine wütende Grimmasse. Die anderen tun es ihm gleich. Er denkt kurz nach. Beginnt, sein Hemd aufzuknöpfen, zieht es aus. Hierauf die Schuhe. Einen schleudert er dem Verkaufsleiter vor die Füße. Schreit: „Siehst du! Wir sind auch nur Tiere. So nackt, wie die Natur uns schuf."

Zieht seine Hose aus.

Verstummende Sprechchöre. Jeder starrt ihn an. Nur mit einer Unterhose bekleidet steht er vor dem Modegeschäft, stemmt seine Hände in die Hüften. Die anderen beginnen, sich ebenfalls ausziehen. Sie werfen ihre Kleidungsstücke gegen die Fassade. Man schaut auf ihn. Er greift mit seinen Fingern unter die Achseln, springt mehrmals in die Höhe, stößt schrille Affenlaute von sich. Bald verfällt die ganze Gruppe in gellendes Gebrüll.

Während kurz darauf alle nur in Unterwäsche gekleidet hüpfen und schreien, sieht er, wie sich der Kleinere verunsichert und noch vollständig bekleidet hinter dem Informationsstand verbirgt. Prompt wendet sich der Größere an eine besonders ausgelassene Gruppierung seiner Anhänger und zeigt mit dem Finger auf den Kleineren. Sie stürmen los. Packen ihn an Händen und Füßen und zerren ihn vor den Pelzladen. Er schreit, zappelt.

Einer schreit: „Du gehörst zu denen und tust so, als würdest Du zu uns gehören. Wenn Du zu uns gehören willst, musst du Dich ausziehen!“ Sie werfen ihn vor die Füße des Großen. Er schüttelt den Kopf und will wegrennen.

Der Größere ruft: „Packt ihn! Zieht ihn aus. Vollständig!“

Nachdem sie ihn all seiner Kleider beraubt haben, liegt er, in sich gekrümmt, auf dem Trottoir und verdeckt seine Blöße. Der Große beginnt, sich gemächlich wieder anzuziehen, während die anderen mit lauten Affenrufen um den Kleineren tanzen und seine Kleider verstecken. Gerade, als der Große sich umwendet, um zu gehen, stellt ihm sich die Frau in den Weg. Sie muss bereits seit Längerem hinter ihm gestanden haben. Ihr Haar ist noch immer lang.

„Sie haben sich nicht scheren lassen!“

„Nein.“

„Was machen Sie dann hier?“

Sie sieht ihn an: „Ich habe Sie beobachtet!“

„Ja, schön. Da konnten Sie ja einiges lernen.“

„Allerdings!“ Sie hebt ihre Augenbrauen. „Ich bin vom Assessment-Center.“

Verschreckt zieht er seine Schultern zurück. „Wie!?“

„Sie haben schon richtig verstanden! Ich arbeite für das Unternehmen, das die Stelle ausschrieb, für die Sie sich beworben und hier gekämpft haben.“

Er kneift die Augen zu, ihm wird schummrig. Alles dreht sich. Im Geiste sieht er von Blut triefende Kalbslenden, sich blutig pickende Hühner, in weiten Fontänen verblutende, von Haken hängende Schweine. Er weiß, er hat endgültig verloren. Möchte wegrennen, sich irgendwo verstecken. Der Mundgeruch des Chinesen dringt in seine Nase. Er sieht, wie ein Dutzend schwarzer Doktorhüte durch die Luft wirbelt. Er hört die weiche Stimme der hinkenden Bettlerin und sieht, wie die Büschel seines

Haares auf dem Fußboden des Friseursalons zusammengekehrt und in den Mülleimer gekippt werden. Ihn friert.

Die Frau schweigt, blickt ihn lange an. Lächelt. Dann meint sie: „Ihnen ist wohl nichts heilig?!“

Er steht vor ihr, sagt nichts, findet keine Worte.

Sie blickt ihn lange an. Dann streckt sie ihm die rechte Hand hin: „Ich möchte Sie beglückwünschen!“

Er öffnet den Mund und hebt zögerlich seine Hand.

Sie sagt: „Ich würde mich sehr freuen, Sie als neuen Mitarbeiter unseres Unternehmens begrüßen zu dürfen.“

Mit stierem Blick erfasst er ihre ausgestreckte Hand. Meint stockend: „Ja ... ja ... gern ... ja“, und fühlt ihren starken Händedruck.

Call for Passenger Kittel

Jeden Sonntag, wenn er die S-Bahn Richtung Flughafen nahm, war er von Menschen mit Reisekoffern umgeben. Sie saßen ihm gegenüber, neben ihm, oder standen, wenn der Zug überfüllt war, vor den Türen, im Mittelgang, ganz dicht neben ihm. Menschen, die meist kein Wort sprachen und das Leuchten ihrer Augen zu verbergen suchten.

Er sah das.

Ihre Beine standen stramm nebeneinander, ihre Hände steckten unter ihren Schenkeln, in Jacken oder Hosentaschen und ihre Blicke durchbrachen bereits die lang gestreckten Gebäude der Medienkonzerne im Münchener Südosten und sahen durch die ebenen Wiesen und Moorflächen um Hallbergmoos hindurch, um dahinter die schmalen Hafengassen von Dublin oder die weiten Spannbögen der Harbour-Bridge von Sydney zu ersinnen, sowie das Freie, Helle und Gute, das ihnen in den kommenden vier oder sieben oder vierzehn Tagen bevorstand.

Fuhr er hingegen vom Flughafen zurück in die Innenstadt, bot sich das gegenteilige Bild. Ein Unwille war den Gesichtern dann eingeschrieben – etwas Schutzloses, wie er es nur von den zahlreichen Beerdigungen kannte, auf denen er in den letzten Jahren zugegen war, um Abschied von Bekannten, Freunden und Geschwistern zu nehmen, die sämtlich in seinem Alter waren, und denen er meinte bald nachzufolgen.

Dennoch: Er ließ es sich nicht nehmen, auch wenn es ihn selbst sonderbar wähnte, jeden Sonntag eine Fahrkarte zu lösen, um von seiner kleinen Wohnung am Rand von Unterföhring zum Münchner Flughafen zu fahren und dort eine oder zwei Stunden in der Ankunftshalle zu verbringen, bevor er sich wieder auf den Heimweg machte.

Ohne Zweck.

Er stand dort nur.

Er stand vor dem Gate, durch das sämtliche gelandeten Fluggäste kamen, und wartete. Aus welchem Grund? Er mischte sich unter die große Gruppe der Wartenden und musste nicht einmal deren Pose nachahmen. Weswegen sollte auch jemand daran zweifeln, dass er wartete. Bedingung: Dann verschwinden, wenn gerade niemand hersieht. Allein hinter einer Säule verschwinden oder in einem Zeitschriftenladen, um gleich darauf den Terminal zu verlassen und in die S-Bahn einzusteigen, allein.

In den Boden war eine schmale gelbe Linie eingelassen, die den Bereich anzeigte, hinter dem junge Männer auf ihre Freundinnen warteten, Mütter mit Kindern auf Ehemänner, Väter auf Töchter, Geschäftsmänner auf Kunden, Hotelchauffeure auf Gäste, und und und. Er hatte festgestellt, nahezu jede Konstellation war ausdenkbar.

Auch hatte er im Lauf der Jahre gelernt, sich die Gesichter der Wartenden einzuprägen, um dann zu sehen, wer es war, der ihnen schließlich entgegenkam. – Meistens war er enttäuscht. Die, die warteten, waren immer interessanter als die, die erschienen. Woran das lag?

Die Osterferien waren zu Ende gegangen und an diesem Sonntag drängten besonders viele Menschen durch die Ausgangstore. Er war kam in Anzug und Krawatte zum Flughafen gekommen. Hatte sich nach dem Aufstehen äußerst sorgfältig rasiert und Eau de Toilette aufgetragen. Auch trug er erstmals wieder seine ledernen Herrenschuhe mit Budapester Muster, nachdem er sie den Winter über in einem Schuhkarton eingelagert hatte, der immer noch mit dem dunkelbraunen, knittrigen Packpapier ausgelegt war, in dem er die Schuhe vor gut fünfzehn Jahren in der Weinstraße gekauft hatte.

Er lebte allein.

Er hatte sich nie richtig eingelebt, in Unterföhring. Hatte die Einliegerwohnung in einem Neubaugebiet vor mehreren

Jahren günstig erworben und war aus seiner innerstädtischen Mietswohnung nach draußen gezogen. Er sah sogar eine Wiese, wenn er sich im Bad auf die Zehenspitzen stellte und aus dem kleinen hohen Fenster sah.

Heute Morgen hatte er das getan.

Seit langer Zeit wieder einmal.

Links von ihm sprang eine junge Mutter ihrem eben eingetroffenem Mann um den Hals, und nach kurzer Zeit begann die kleine Tochter im Kinderwagen zu schreien und zu toben. Der alte Mann sah das Mädchen an und gebot ihm mit strengem Blick, still zu sein. Er hasste es, wenn Kinder weinten. Das Kind schrie noch lauter und sein Vater beugte sich zu ihm hinunter und wollte es drücken und liebkosen, doch es schlug mit seinen kleinen Händen gegen dessen Schläfen. Der Vater lachte und ergriff die Hände seiner Tochter und sie schrie noch lauter.

Mit zusammengepressten Lippen ging der alte Mann mehrere Schritte zur Seite. Er stand nun direkt hinter einem Mann mit Rose. Er hatte große Lust, ihn mit harscher Stimme auf die Existenz und Funktion der gelben Linie hinzuweisen, doch dann erinnerte er sich, dass er während der Sonntage, die er hier verbrachte, nur ein einziges Mal in das Geschehen eingegriffen hatte.

Damals hatte er beobachtet, wie ein dunkelhaariger Junge einer Frau in die Handtasche griff und ihr Portemonnaie herauszog. Keiner sah den Vorgang, und auch die Frau hätte den Diebstahl nicht bemerkt. Gerade, als der kräftig gebaute junge Mann die Geldbörse in ihrer Tasche zu fassen bekam, trafen sich ihre Blicke. Da der Junge seltsam glasige Augen hatte und es schon spät am Abend war und nur sehr wenige Menschen im Wartebereich standen, schaute der alte Mann wieder weg und tat so, als hätte er nichts bemerkt.

Nun fixierten ihn aber die Augen des jungen Mannes, der den Geldbeutel bereits in Händen hielt und nun sämtliche Bewegungen des alten Mannes registrierte.

Allesamt verrieten, dass er es gesehen hatte und sogleich Alarm schlagen würde, sobald sich der Junge von der Frau wegbewegte. Also blieb er neben ihr stehen. Noch konnte er die Geldbörse behutsam in die Handtasche der Frau zurücklegen, ohne dass sie etwas davon bemerkte.

Der alte Mann sah ihm abermals in die Augen. Der Blick des Jungen war nun herrisch, sagend: ‚Wenn du dich rührst, sobald ich gehe, ziehe ich ein Messer und steck's dir in den Bauch.'

Der alte Mann versuchte, den Blick zu halten und sah den Jungen nun ebenfalls gebieterisch an. Der junge Mann zeigte seine Zähne und seine Nasenlöcher weiteten sich. Seine Augenränder schimmerten dunkel. Der alte Mann zog beide Mundwinkel belächelnd nach unten.

Dann ging alles sehr schnell. Der junge Mann ließ das Portemonnaie in die Handtasche fallen, ging flugs auf den alten Mann zu, hob seine Hand und schlug ihm mit der Außenseite auf die rechte Wange. Dann verschwand er.

Die Umstehenden wandten sich vorwurfsvoll nach dem alten Mann um. Der fasste sich ins Gesicht, nahm wieder Haltung an und blickte unverwandt in Richtung der Ausgangstore. Bald richteten sich alle Blicke wieder nach vorn. Der alte Mann atmete schwer.

Weswegen immer Ankunftshalle!?

Als er am heutigen Sonntag den Wartenden den Rücken zukehrte, um Richtung Abflugshalle zu gehen und denen zuzusehen, deren Reise eben begann, spürte er einen kurzen Stich in der Herzgegend. Er reihte sich in der längsten Schlange der Check-In-Schalter ein. Rückte auf, als vor ihm Platz frei wurde. Beobachtete das Verhalten der Abreisenden und verlor sich in Gedanken. Rückte weiter auf und als er die Stimme der Dame am Schalter hörte, ‚Guten Tag! Ihr Flugticket bitte', erschrak er und wusste nicht, was er antworten sollte.

„Können Sie mir bitte Ihr Flugticket geben, und ihren Pass?"

„Ich ... ich habe mich nur ... also ...“

„Haben Sie Ihren Flug nach Los Angeles womöglich bei einer anderen Fluggesellschaft gebucht?“

„Nein.“

„Sie sind hier bei Germanwings. Auch Lufthansa und American Airlines fliegen nach L.A.“

„Eigentlich wollte ich ...“

„Warten Sie! Hier sehe ich etwas.“ Sie sah auf ihren Bildschirm und dann direkt in seine Augen: „Ein Fluggast stornierte eben seinen Flug nach L.A. – Dank eines neuen Buchungsverfahrens haben Sie bei unserer Fluggesellschaft die Möglichkeit, eine Bordkarte direkt am Check-In-Schalter zu erwerben und den Betrag mit Ihrer Kreditkarte zu begleichen.“

Er sah sie hilflos an. Sie lächelte ihm zu, wie jüngere Frauen manchmal unbeholfene, ältere Männer anlächeln. Dann meinte sie mit weicher Stimme: „Verfügen Sie über eine Kreditkarte?“

Er zog die Brauen nach oben und sagte leise: „Ja -“

Als er eine Stunde später im Flugzeug saß und den Sitzgurt festschnallte, klang in ihm die Stimme der jungen Frau am Check-In-Schalter nach: ‚Ich stelle fest, Sie reisen ohne Gepäck?‘ Und als die Hinterräder des Flugzeugs vom Boden abhoben, der Pilot die Maschine steil nach oben zog und sich ein Druckgefühl in seinem Magen ausbreitete, hatte er den Impuls, zu brüllen, aufzuspringen und die Besatzung dazu zu bewegen, auf der Stelle zu wenden und ihn wieder auf der Erde abzusetzen. In den darauffolgenden Minuten zweifelte er an seinem Verstand und allem, an was er bisher geglaubt hatte.

Sobald er amerikanischen Boden unter den Füßen hatte, würde er bei irgendeiner Fluggesellschaft ein Rückflugticket besorgen und die Heimreise antreten. Vielleicht müsste er noch ein oder zwei Nächte in einem Hotel am Flughafen verbringen, oder in Flughafennähe. Eine Zahnbürste konnte er sich organisieren und alles andere auch.

„Darf ich Ihnen irgendeinen Wunsch erfüllen?“ Eine Stewardess mit kunstvoll hochgestecktem Haar beugte sich zu ihm herunter. Er hatte First-Class gebucht.

„Oh, nein. Nein.“

„Wünschen Sie vielleicht einen frisch gepressten Saft oder einen warmen Snack?“ Sie lächelte ihn liebevoll an.

„Ich möchte nichts. Nein, danke.“

„Aber -“ Zaghaft hob er seine rechte Hand, „Kann ... darf ich Sie etwas fragen?“

„Gern!“

„Können Sie mir sagen, ob es am Flughafen von Los Angeles ein Hotel gibt?“ Er sah sie streng an.

„Es gibt dort mehrere Hotels.“

„Sind die zu dieser Zeit stark ausgebucht?“

„Ich kann Ihnen gern ein Zimmer reservieren, wenn Sie das wünschen.“

Die Stewardess erinnerte ihn an jemanden. Und zum ersten Mal ging sein Blick zum Fenster. Er sah direkt in die Sonne, ihr Licht füllte die breite weiße Umrahmung des kleinen Fensters aus und alles leuchtete. Nun nahm er auch das Summen der Maschine wahr – ein sattes, stilles Geräusch, das sich mit dem ganzen Körper des Flugzeugs und seiner Vibration zu verbinden schien. Sie erinnerte ihn ... an wen erinnerte sie ihn ... an ... an ... es waren die Augen und die Proportion zwischen Nase und Ohren.

„Soeben habe ich ein Zimmer für Sie reservieren lassen. Sie können dort unmittelbar nach unserer Ankunft in Los Angeles einchecken.“ Sie überreichte ihm ein Kärtchen mit der Anschrift des Hotels.

„Das ist nett von Ihnen. Es ist nämlich ... ich kann es Ihnen nicht erklären. Also es war eine Leichtfertigkeit und das ist mir noch nie passiert, dass ich ...“

Sie unterbrach ihn: „Das ist doch nicht so außergewöhnlich.

Auch ich bin schon öfters verreist, ohne vorher ein Zimmer gebucht zu haben."

Sie lächelte, beugte sich zu ihm hinunter und stellte ein kleines Tablett auf seinen Klapptisch. „Ich habe Ihnen für alle Fälle ein Käse- und ein Schinkensandwich sowie ein kleines Brausegetränk zubereitet. Bis zum Abendessen sind es noch zweieinhalb Stunden."

Er hasste es, sich nicht daran erinnern zu können, mit wem sie Ähnlichkeit hatte. Es musste weit zurückliegen. Aber wenn sie am frühen Morgen in Los Angeles ankämen, würde er es wissen. Es war ihm äußerst unangenehm, dass sie ihm nun doch ein Essen bringen wollte und er empfand es als aufdringlich. Er würde es nicht anfassen.

Ihr rot gefärbtes Haar missfiel ihm und die Art, wie sie sich andauernd zu ihm herunterbeugte. Es hatte etwas Überschnelles, Unkorrektes. Die Hand des alten Mannes berührte das weiche durchsichtige Plastik des kleinen Getränkebechers und in Gedanken versuchte er nachzuvollziehen, wie ihm der folgenschwere Fehler, eine Bordkarte zu kaufen und sich in ein Flugzeug nach Amerika zu setzen, unterlaufen sein konnte.

Durchaus mochte es am Alter liegen. Er hatte in den letzten Monaten bereits einige Male Dinge verlegt und nicht mehr gefunden. Er erlebte immer häufiger einen sich verselbständigenden Fluss von Gedanken und Eindrücken, bei dem ab einem bestimmten Punkt der rote Faden nicht mehr erkennbar war.

Wie vorher beim Anstehen an den Check-In-Schaltern.

Das war das Alter!

Sich jedoch ein Flugticket aufschwatzen zu lassen, war keiner Alterserscheinung geschuldet. Nun gut, er hatte seinen Irrtum der jungen Frau am Flugschalter nicht eingestehen wollen. Er hätte sich schrecklich geschämt, sonst, vor ihr.

Was hätte er denn sagen sollen, in dieser Lage?

Dass er sich sonntags immer auf dem Flughafen herumtrieb, weil er nichts zu tun hatte, einsam war und dem Schicksal anderer Menschen für einige Stunden beiwohnen wollte?!

Oder, dass er manchmal neben sich stand. Sie hätte womöglich sein vorgerücktes Alter dafür verantwortlich gemacht – was das Allerschlimmste gewesen wäre.

In einem der entlegendsten Winkel seines Gehirns leuchtete kurz ein Wort auf, um sofort wieder zu erlöschen. Wie viele Gedanken neuerdings kamen und gleich wieder vergingen.

Tempus non fugit

Also gut, aus Berlin wird nichts. Ich bekomme den Job nicht und bleibe in München. Heute Morgen lag die Absage im Briefkasten.

So ganz unrecht ist mir's nicht. Berlin ist schon groß. Und ich, ich vielleicht auch'n bisschen zu zart besaitet. Für die Stadt, Berlin. Zu grob, zu dunkel. München ist feiner, heller. Schon!

Die Absage muss seit gestern drin gelegen sein, in meinem Briefkasten. Hm, egal. Scheiß drauf. Diese Wixer wollten den Schlechteren. Den können sie haben. Ich habe mein Reclam-Architekturführer für München wieder herausgeholt, aus'm Regal, und weiter gelesen: Bei Ludwigstraße: Via regia.

„Wettstreit der Architekten Klenze und Gärtner."

Und meinen zusammengefalteten Zettel mit den Münchner Hochhäusern. Keiner sieht die Schönheit von Hochhäusern. Jeder hasst sie. Ich werde jedes einzelne von ihnen analysieren. Skizzen kann ich auch in München machen, dafür brauche ich nicht Berlin. Werde die Hochhäuser skizzieren. Ja ja.

Wohne in meinem kleinen Zimmer weiter, verdiene weiter wenig. Und heute ist auch noch Sonntag. Packe meinen Architekturführer ein und ziehe die Wohnungstür ins Schloss.

Gerade rief mich mein jüdischer Wohnungsnachbar an, dass ich die Musik leiser stellen soll. Er meint, sie sei total hässlich.

Ich erwiderte: „John Zorn."

Wir verstehen uns nicht mehr sonderlich, er und ich. Waren mal fast befreundet, und ich lag viel in seinem Zimmer auf'm Boden herum, Füße auf 'nem Hocker. Er erzählte von der Ersten Schöpfung, der Zweiten Schöpfung, und dass die Frau aus der Zweiten ist.

Ich sagte: „Frauenhasser!"

Dann spricht er über die Lichtenergie von Schweinefleisch

versus Bio-Gemüse, und wo ich einkaufen soll, das Gemüse.

Ich liege herum, auf'm Boden, und sage nix.

In seinem CD-Player so sphärische Harmonieklänge; das ganze Zimmer weiß, Leinen. Und auch er legte sich jetzt so hin, auf'n Boden, Beine auf 'nen extra Hocker, Blick zur Decke. Erzählt von Mösen und Ficken, wird vulgär, und ich find's geil und lache. Wahrscheinlich auch deswegen, weil er schon über 50 ist.

So lief's wochenlang. Dann, irgendwann regte ich mich über seine Kirche der Vaterschaft auf, schimpfte und meinte, dass er nicht alles glauben solle, was sein Wiener Oberpriester sagt, und nicht alles gesegnet werden muss, bevor man's isst.

Dann der Bruch. Vor einem Monat. Ich liege wieder herum, in seinem Zimmer und schaue zur Decke, lache entspannt über seine dreckigen Sprüche. Denke mir nichts und genau in dem Moment holt er einen riesigen, hellgrauen Plastikdildo heraus und fuchtelt damit vor mir herum.

Gut: Um es kurz zu machen. Er stand auf mich und wollte mit mir und dem verdammten Dildo herumspielen. Ich bin dann rausgerannt und habe mich nicht mehr gemeldet, seitdem.

Ja.

Und nun, heute morgen, als ich John Zorn höre, sein Anruf. Nicht nur, um sich über die Lautstärke zu beschweren, sondern auch, um Tuchfühlung aufzunehmen wieder, mit mir.

Ja, ja.

Ihm tut's leid. Machte extra noch einen Witz, wegen dem Namen des Interpreten. Ich habe auch kurz gelacht, 'n bisschen. Aber dann gesagt, ich muss wohin und habe keine Zeit, einen Spaziergang jetzt mit ihm zu machen, an der Isar. Das wollte er.

Ich verlasse mein Zimmer. Drücke den Aufzugsknopf, gehe aus'm Haus Richtung Klenzestraße, Fraunhofer, Altes technisches Rathaus, Jakobsplatz, Rindermarkt, Marienplatz.

Und: Kein Mensch unterwegs.

Um halb elf Uhr morgens.

Was soll ich tun? Habe nix für den Tag geplant, nur meinen Architekturführer und 30 Euro und's nieselt leicht, Winterende, und auch am Marienplatz fast keine Menschen. Hatte ja gedacht, eigentlich, dass wir befreundet sind, mein Nachbar und ich. Nicht die große Freundschaft. Eher so 'ne Art WG. Aber dass er schwul ist! – Auch okay.

Aber dass er mich anmacht, und gleich mit diesem Monsterdildo, nee, so geht's nicht. Der kann sich seine Spaziergänge in den Arsch stecken.

Ich entdecke 'ne Gruppe Italiener, mitten auf'm Marienplatz und schlendere unauffällig in ihre Richtung. Ich will ein bisschen mischen, mich, unter Menschen, laut palavernde, Atem spür'n, und Bewegung.

Gehe in die Gruppe. Und halte mir das Handy ans Ohr, tue so, als würde ich telefonieren und selbstvergessen irgendwohin laufen, und so denken sie auch nichts und lassen mich ein, in ihre Gruppe.

Das sind mindestens 100 Leute. Ich mittendrin, telefonierend, alle dunkel gekleidet, also ich falle nicht auf. Und haben nun das Rathaus ausreichend fotografiert und das ganze Ding bewegt sich, mit mir, am Brunnen vorbei, gehen durch die Dienerstraße bis zum Dallmayr, wo wir wieder stehen und fotografieren, bis auf mich.

Ein Jüngerer, mit schnittigem Cosanostra-Blick schaut mich an und überlegt. Meine Entdeckung droht. Ich gestikuliere noch wilder, schlage die Hand auf die Stirn, schimpfe mit meinem Handy-Gegenüber und der Gefährliche wendet sich tatsächlich ab.

Nächste Station: Staatsoper.

Ich zücke mein Reclamheft und lese mal nach, was drin steht über die Staatsoper. Ich denke: Ich wäre gern Tourist. Die ganze Zeit! Mit dem Geld für die Reise. Weil, sonst könnte sie der Tourist gar nicht machen. Immer anschauen, alles, und nie eingreifen. Die Wahrheit steht im Reiseführer.

Ja. Mehr brauchst du nicht wissen.

Noch eine Straßenkarte, Geld eben und vielleicht Sonnencreme. C' est bon. Au revoir! Gut ja, ein Hotelzimmer musst du finden. Die Sprache der Menschen musst du nicht verstehen. Nur die wichtigsten Wörter: ‚Hallo!, Tschüs!, Wo ist eine Tankstelle?, Wo ist eine Bank?'

Und wie ich mein Reclamheft zuklappe und wieder einstecke, stehe ich allein auf dem Platz und alle sind weg. Ich seufze kurz und will gerade mein Handy in die Hosentasche zurückstecken und zögere einen Moment, nimm's noch mal ans Ohr und sage: „Tschüs! Mach's gut! Bis bald."

Ich hätt 'nen Plan machen sollen. Jetzt wird's wieder wie letzten Sonntag und den davor. Kein Plan gemacht. Obwohl ich eigentlich genug Leute zum Treffen hätte, aber wenn man mit denen nix ausmacht im Voraus, kannst du's vergessen.

Gut.

Ich mache jetzt Folgendes. Ich habe ja schon vier Sachen auf'm Plan. Meine zwei Cafés bis circa 14 Uhr. Und für 1 Euro in die Pinakothek später. Und am Abend ins Tabula Rasa.

Sind leider viele Lücken dazwischen. Mit dem Nympenburger Schlosspark könnte ich eine Große füllen. Aber ich weiß nicht, ob ich's nach Nymphenburg raus schaffe. Das versuche ich jedes Wochenende. Würde gern im Park herumgehen und mich fühlen wie in Versailles, lesen und sitzen und vornehm sein, aber was nicht reinpasst, ist die Tramfahrt da raus. Das sind gute 15 Minuten und es ist schlichtweg schrecklich unästhetisch. Es hat keine Form, da rauszufahren. Und alles hat eine Form, was ich mache. Hangele mich von vollkommener Fassade zu vollkommener Fassade, gehe nur durch perfekte Passagen, in Kircheninneres, meine Cafés, vor dem Hofgarten oder Klenzehäusern, mit Blick darauf. Die Münchnerinnen, sowieso.

Ich versuch's jetzt.

Scheiß drauf!

Muss von der Oper in die U-Bahn runter zum Odeonsplatz und am Marienplatz umsteigen, in die S-Bahn bis Stachus.

Von da startet meine Tram nach Nymphenburg.

Ja, gut, und was passiert?!

Ich schaff's bis Stachus tatsächlich. Und dann fahre ich aus'm Untergeschoss vom Stachus mit der Rolltreppe nach oben und sogar ein bisschen Sonne kommt in dem Moment.

Dann stehe ich oben, an der Erdoberfläche, bei den Tramgleisen und fahre gleich wieder runter, mit der anderen Rolltreppe. Es geht nicht. Ganz einfach. Es würde meine Komposition zerreißen.

Na ja, aber was mache ich sonst?

Schon wieder ins Café?!

Dieses verdammte stundenlange Cafésitzen.

Also ich fahre noch mal hoch zu den Tramgleisen. Sonne schon wieder weg. Nieseln wird jetzt zum Schneetreiben mit aufgequollenen, nassen Flocken, die recht ungeordnet fliegen, nicht schön sind, wie andere Flocken. Auch plump fallen. Nicht wirbeln oder schwirren, äh, schweben meine ich.

Das Ding, das sagt, wann die nächste Tram kommt, zeigt zehn Minuten. Das heißt, zehn Minuten, bis die Schlossparktram hier vorbeirattert. Idee: Ich könnte bis zur nächsten Haltestelle laufen und würde mir damit die Zeit verkürzen.

Ich gehe los. Sie alle, die Menschen, haben keine Zeit – die glücklichen! Ich, ich kämpfe gegen zuviel von ihr. Vor allem heute, Sonntag, ist sie mein Osama, mein absoluter Gegner.

Stehe bereits an der nächsten Haltestelle und immer noch werden vier Minuten angezeigt. War zu schnell für die Zeit. Wieso sie unterschiedlich lang sein kann? Verstehe ich nicht. Mal schneller, mal langsamer vergeht? Entspricht doch eigentlich wirklich nicht der Logik, oder? Wenn jeder seine Uhr unterschiedlich einstellen würde. - Man müsste die Büros auflösen und könnte Dates vergessen, weil keiner kommen würde, rechtzeitig. Pärchen müssten sich, um zusammen bleiben zu können, darauf einigen, die gleiche Taktung einzustellen. Aber, klar, irgendwann würden, leider Gottes, noch mehr darauf kommen, dass es viel leichter ist und einfacher, dieselbe Uhrzeit einzustellen. Und dann simma wieder beim Alten.

Ich frage einen nach der Uhrzeit, 'nen Jüngeren, der am Bahnsteig raucht, er sagt 'se mir und ich entgegne ganz entschieden: „Nein! Das stimmt nicht!"

Er schaut blöd, und erwidert: „Doch!", und wiederholt die Uhrzeit.

Ich entgegne: „Das ist falsch!" So ganz fest und bestimmt, schmunzele ihn dezent an, aber nur ganz leicht, angedeutet, drehe mich um, sehr zügig und verschwinde im Hauptbahnhof.

Toll, Hauptbahnhof!

Ich werd's nicht schaffen, in meinen Park. Wie jedes Mal. Hauptbahnhof ist gar nicht so schlecht, eigentlich. Ich stelle mich so hin, unter'm Abfahrtszeitenschild, dem in der Mitte vom Bahnhof und tue so, als würde ich nach einem bestimmten Zug suchen. Und sie rennen an mir vorbei, einzelne, mit ihren Ziehkoffern, die wanken und schwanken, um noch einen Zug zu kriegen. Weil ihnen drei Minuten fehlen. Oder nur zwei. Oder eine. Je weniger, desto mehr.

Oder?

Stimmt doch!

Je weniger Zeit einer zum Zug hat, umso bedeutender wird sie. Wenn sie aber da ist, im Überfluss, so wie bei mir zum Beispiel, zählt sie gar nix. Ich werde nicht schlau daraus. Aus dem Zeitding. Also mache ich Folgendes: Ich stelle mir nun vor, einfach, ich hätte auch keine. Und renne los – sagen wir, Gleis 32, am Starnberger Flügelbahnhof. Das schaffe ich nicht. Ich kriege Druck. Einen renne ich fast um.

Ich schreie laut: „Scheiße!"

Beschleunige. Ernte zumindest einen bemitleidenden Blick, von einem Alten. Wahrscheinlich schaff ich's nicht. Eine Gruppe von 27 Studentinnen und Studenten wartet in Eichstätt auf mich und's ist die letzte Lehreinheit vor ihrer Prüfung und die drehen durch, wenn ich nicht komme. Weil der nächste Zug erst anderthalb Stunden danach geht. Und dann ist die Vorlesung 'rum. Und die Hochschulleitung kriegt's mit, womöglich. Und's ist meine erste Vorlesungsreihe. Ich brauche den Lehrauftrag, um Professor zu werden, in meiner großen Zukunft, mal.

Alles geht den Bach runter. Sämtlich alles. Meine Felle schwimmen mir davon. Das sind an die 300 Meter noch, oder sogar mehr. Das schaffe ich nicht. Es gibt keine Lösung für dieses Problem. So sehr ich auch nachdenke. Es gibt keine. Ich werde den gottverdammten Zug verpassen.

Und als ich ankomme, am Bahnsteig 32, is' er weg. Ich sehe ihn nicht mal wegfahren. Was das Schlimmste ist. Ich hatte gar keine Chance. Es ist leer, verdammt noch mal – leer. Was mache ich? Stampfe in den Boden. Kann ich Armeen aus der Erde stampfen? Wächst mir ein Leutnant aus der flachen Hand? Fragte Schiller.

Nein!

Ich kann's nicht.

Er konnt's nicht.

Ein am Bahnsteig – einem anderen – wartender Typ, der mich anrennen sah, wie einen Deppen, und dann Vollbremsung machen, vor den leeren Schienen, schaut mich an, vom andern Gleis herüber, und zuckt solidarisch mit den Schultern. So auf: „Kann passieren!"

Ich zucke zurück und schäme mich in dem Moment. Habe mich echt so reingesteigert, dass mein Herz wie wild pochte eben. Und als ich zurückschlendere, Richtung Anzeigetafel, denke ich, ich sollte vielleicht wirklich irgendwohin fahren.

Nein! – Unästhetisch!

Einmal, in der Zukunft, werde ich 150 Leute organisieren, die auf mein Kommando von allen Seiten vom Bahnhof kreuz und quer losrennen werden, mit Koffern in den Händen, Skiern mit Stöcken, Aktenkoffern, Mappen. Und sie sollen rennen und rennen. Das zehn Minuten lang. Bis die normalen Leute auf'm Bahnhof merken, dass was daran nicht stimmen kann. Hehe.

Gut. Aber nun.

Was tue ich jetzt?

Noch mal rennen? - Bestimmt nicht! Ich schnaufe immer noch. Man kann sich schön in Dinge hineinsteigern! Man muss sie aber auch glauben. Das ist das Problem. Man muss sie glauben. – Das tu ich nicht. Und das werde ich niemals tun...

Ich muss mit jemandem reden. Ich bin jetzt schon Stunden unterwegs und stumm und still. Einsam möchte ich nicht sagen.

Nein.

Nicht einsam. Nur stumm halt.

Das kann man ja beheben.

Ich stehe also neben dem Informationsschalter in der Haupthalle, es weht kalt durch den Haupteingang, und eben fährt ein göttlich schön geschnauzter schneeweißer ICE ein, so richtig lautlos und eine sexy Stimme einer Lautsprechersprecherin ruft: „Passanger Kittel, please come to the information desk, Passanger Kittel!“, und ein schrecklich hübsches Pärchen studiert den Plan, einen Plan, der an der Wand hängt, über - ich weiß nicht, irgendwas, S-Bahn-Linien, glaube ich. Mit denen könnte ich reden. Ihnen erklären, wo sie hinmüssen. Gesetzt den Fall, sie wissen, wo sie hinmüssen. Ich gehe nah heran, von hinten, höre italienisch. Sie reden aufgeregt italienisch. Doch ich drehe ab.

Ich will angesprochen werden.

Genau!

Das ist gut.

Ich bringe mich in eine Situation, in der ich angesprochen werde. Das ist doch anspruchsvoll.

Da sind zwei Zivilbullen, die ich vorher schon sah, wie sie einen jungen Schwarzen abgetastet haben, und seinen Pass kontrollierten. Sie stehen jetzt am Rand der Halle und beobachten. Uns. Die People. Ich werde also was machen, was auffällig oder strange genug ist, um verdächtig zu erscheinen.

Die ICE-Türen öffnen sich und elegantes Volk strömt heraus, alle dunkel gekleidet. Zwei Ströme an Menschen entstehen, die an mir vorbeiziehen. Völlig schweigend. Komisch stumm. Ich genieß's kurz und gehe dann Richtung Zivilfahnder. Zwei kriminell aussehende Rüpel, nur mit einem Unterschied: Von der richtigen Seite des Gesetzes. Sonst wär'n sie wahrscheinlich sehr erfolgreiche Gangster. Wenn nicht ... Ja was, wenn?! Sie haben den Riecher. Das zeichnet die aus. Und dieser Riecher ist einer für das Ungesetzliche. Sie sehen's, sie spürn's. Das tun die anderen nicht, nämlich. Die den Geruch nicht kennen.

Sie hamm mich auch schon gesichtet. Und einer beobachtet mich. Aber was tun? Auf was schlagen die an? Auf Irre nicht. Den Irren brauche ich nicht zu mimen. Irre sind harmlos. Auf Drogen, klar. Ich brauche irgendein weißes Pulver. Also, ich gehe zum Burger King, im ersten Stock, schnell, und hole mir diese Packungen mit Salz. Gibt's da oben im ersten Stock kostenlos bei den Strohhalmen und Servietten. Ich reiße vier Packungen Salz auf, und fülle das Ganze vorsichtig in ein Papierchen aus meiner Hosentasche, das ich falte. Damit gehe ich wieder runter, zu den Jungs.

Zu den gefährlichen Jungs. Wer ist gefährlicher für Menschen? Das Gesetz oder das Verbrechen?

Nun, gut.

Sie stehen noch da. Der kleine Fiese sieht mich gleich, schon auf der Rolltreppe nach unten. Jetzt wird's witzig! Ich geh'n bisschen aufgeregt vor ihnen hin und her und stelle mich dann verdächtig hinter eine Kioskwand. Nimm mein Papierchen vorsichtig raus. So, dass sie's sehen könn.

Stopp: Habe ich nichts Besseres zu tun?! – Nein!
Also weiter.

Ich streue mir das Pulver auf meine Karte von der Münchner Bank und zieh's mir in die Nase. Salz! Ich huste und lache. Bei Salz lache ich. Bei zu viel. Genau im gleichen Moment – ich seh's aus meinen Augenwinkeln – wenden die zwei sich ab und gehen. Mir rieselt das restliche Salz auf'm Boden und ich huste und fühle mich wie der letzte Idiot.

Irgendein Boden reißt auf, eine Spalte in mir, unter der nichts ist, nur ein Riss, Spalt, Loch, was ich nicht mehr zu kriege, wenn's mal offen ist. Ich hab's, ich hab's befürchtet. Das kommt von, weil ich keinen Plan hab kein Date, niemand treffe, keine hübsche Buchhändlerin zu beobachten, wie die im Hugendubel, zum Beispiel, wo ich einen Monat lang hinging und mich im hellen, giftgrünen Lesehalbmond, den Sitzbänken dort, hingesetzt habe um sie anzustieren. Tat so, als würde ich lesen und glotzte immer nur. Aber sie guckte auch auf mich.

Nein, nein, nein.

Ich habe sie nicht angesprochen und als sie mir einmal auf der Straße begegnete, bin ich regelrecht zusammengezuckt. Die hassten mich, ihre Mitarbeiterinnen, ihre Kollegen. Ich habe nie was gekauft, nämlich. Und die schufteten und hievten Bücherberge, ordneten und bestellten, berieten, erklärten, beschwichtigten und wurden nie gefragt, was in den Büchern drinssteht. Sondern nur, wo sie stehen und was es denn gibt hier, übers das Tal der Loire, Kriegsschiffe, Einzeller, Liebeskummer, Antikmöbelrestaurierung, Roosevelt, Bärenjagd, Obstbaumschneiden, Geisterfahrer, Street-Art, Baumhäuser, Schneetreiben, Häkeltechnik, Vulkane, Guantanamo, Angst, Rottweiler, Schönschrift, Lampenfieber, Gartenarchitektur, Hunger, Venedig, Turmuhrenfabrikanten, Hebräisch und Zeitmanagement. Und die armen Buchhändler rannten und zeigten und bestellten.

Und irgendwann bekamen sie raus, dass ich nur wegen ihr herkam und runzelten schon die Stirn, wenn sie mich schon reinkommen sahen.

Da hörte ich auf – Ich kam nur noch ein Mal... ein Mal ging ich noch rein in Hugendubel, ich wollte bei ihr etwas bestellen, ein Buch, zum Abschluss, mit einem absolut absurden Titel. Dachte tagelang nach. Kam aber auf keinen. Und dachte nach einer Woche: „Nein! Es soll ein bedeutungsschwangerer Buchtitel sein. Einer, der etwas aussagt über das, was ich einen Monat lang gemacht habe, oder etwas über sie, oder uns“, – dieses Uns, das es gar nicht gab.

Gut, an einem Donnerstag gehe ich rein zu Hugendubel, sie am Bestellcomputer, ich auf sie zu, geradewegs, sie erkennt mich, ich Blick auf'n Boden geheftet, aber stark und selbstbewusst, und stehe vor ihr, hebe meinen Kopf, Augenkontakt, und sage:

„Könnten Sie mir ein Buch bestellen?“

Sie sagt erst mal gar nix und dann: „Ja, bitte.“

Und ich weiter: „Es heißt: ‚Der Tod der Buchhändlerin'.

Ob sie's witzig gefunden hätte? Ist natürlich gelogen!

Ah, sehr schön! Ich gehe ins Türkenviertel hinterm Bahnhof und trinke so einen Schwarztee in so 'nem mini Glas. Schlürfe ihn. Vor den Männern. Die mich anstarren und nicht einordnen können. Bis sie dann in ihrer Sprache einen Witz reißen, über mich. Dann drehe ich mich um, schaue sie vernichtend und wissend an, so dass sie denken, ich kenne ihre Sprache und verlasse den – meist sowieso extrem ungemütlichen – Laden.

Kein guter Einfall. Wird mich doch auch wieder deprimieren, bloß. Nymphenburg war doch nicht die schlechteste Idee.

Ich stehe vor dem Bahnhof, Ausgang links und der Schnee hat aufgehört zu fallen, Rollsplitt wird ausgestreut, per Hand. Ah! Man benutzt wieder Hand, neuerdings. Die Maschine wird ausgetauscht durch die einfache Menschenhand. Ich tret'n bisschen im Schnee, der auf dem Gehsteig liegt, herum.

Meine Existenz ist sinnlos.

Wieder öffnet sich einen Spalt das Tor zum Nichts. Es hat einen Bewegungsmelder, glaube ich, das Tor. Es reagiert, wenn ich mich bewege. Ich muss ganz starr werden und stillstehen. S' geht weiter auf, sonst.

Ein Zeitungsverkäufer mit rötlichem Turban, der neben dem Eingang sitzt, nimmt 'n Bündel ‚Süddeutsche' und reißt es auf. So wird der Sitz, auf dem er sitzt, niedriger, weil, er sitzt auf den Zeitungen. Was ich ganz wunderbar finde. Solange er nichts verkauft, sitzt er gut. Je mehr er verkauft, sitzt er umso schlechter.

Ich denke mir Schlagzeilen aus:

„s-bahn verkehr
lahmgelegt
drei stunden
siebzehn jahre liebeskummer"

oder:

„zwei jahre tot
im sessel gesessen
niemand gekannt
eigentlich"

Ich gehe zurück in den Bahnhof. Im muss was essen. Da könnte ich diese Pommes Frites essen, zum Beispiel. Links an der neuen Theke. Die kosten nur 2,50 und sind echt groß, die Portion, und aus echten Kartoffeln. Also wirklich gut. Oder ich fahre doch in die Amalienstraße und esse die Pommes Frites da, wo die eine vielleicht bedient, heute. Aber die ist zu jung. Und, glaube ich, auch nicht interessiert an mir. Ich weiß es nicht. Aber sie wäre auch zu unbedarft. Zu unzynisch.

Aber ich könnte da essen und danach direkt in die Pinakothek der Moderne gehen. Aber dann wäre mein Nachmittagprogramm aufgebraucht. Ich muss die Pinakothek als absolutes Highlight rauszögern. Also ich bestelle die Pommes Frites im Bahnhof, und bereu's schon, wie ich da stehe, an dem ekligen Stand und der Duft von den Fett-Calamares vom ‚Nordsee' rüberweht, die Kälte an den Beinen und die deprimierende Verkäuferin, die meine Bestellung aufnimmt.

‚Bestellung aufnehmen', ist wohl auch nicht der richtige Ausdruck für ihr Wesen.

Sie sagt: „Nächster!"

Und ich antworte: „Fritz."

„Was?"

„Fritz."

„Wie bitte?"

„Na, Pommes Frites."

Sie lacht nicht. Sie ist nicht genervt von mir, nicht mal provoziert. Sie denkt nur, sie hat mich nicht richtig verstanden. Sie schmeißt mir die Pommes-Tüte – so 'ne schöne in Schultütenform – in den Halter, direkt vor meiner Nase und ich schmeiße das Geld auf den Plastikbezahlteller auf der Theke. Ohne Worte – ohne Worte. Sie greift's ab und wirft das Rückgeld, fünfzig Cent, zurück auf den Teller. Oh, wie ich sie hasse. Ich würde so gern schreien, dass das hier ein Service-Bereich ist und dass man bedient wird und nicht erniedrigt. Ich will sie teachen und ihr klar machen, dass das alles nicht geht so, und dass sie meinen Tag versaut hat, mit ihrer dummen scheiß Unfreundlichkeit.

Aber ich gehe, leide und lasse sie, wie sie ist. Sie wird immer so sein, wie sie ist. Ich werde sie nicht erreichen können. Mit keiner Kritik, keiner Hetze, keinem Lob. Sie ist wie die Schwerkraft oder Ebbe und Flut oder Fasching und Ostern. Sie ist wie Kinder, die Weihnachtssterne ausschneiden. Sie ist wie nachwachsende Fingernägel.

Wie Nacht und Tag.

Wie Geburt und Tod. Ich kann sie nicht ändern.

Aber weswegen muss immer ich der Erkennende sein, der Erfassende, der Durchblickende? Ich will blind sein und taub. Nicht stumm aber. Sondern dumm daherreden und nicht wissen und niemanden verstehen, nur reden, nicht denken. Und alle müssen mir zuhören. Ich rede über den Lautsprecher auf'm Bahnhof, ich unterrichte, halte Prüfungen ab, korrigiere, ob sie meine Gedanken richtig verstanden haben, und wenn nicht, wenn sie's nicht fressen, gebe ich schlechte Zensuren und lasse sie nachsitzen und das Wort, das ich hören will, nach Schulschluss fünfzig Mal an die Tafel schreiben.

Gut. S' schmeckt echt gut.

Gehe mit meiner Schultüte wieder Richtung Ausgang von vorher. Und stelle mich vor die Taxikolonnen. Esse und glotze. Vielleicht sollte ich ein schlechtes Gewissen haben, wegen all der Zeit, die mir zur Verfügung steht. Aber warum?! Ich arbeite doch für das, wovon ich lebe. Ich arbeite halt nicht so viel.

Eigentlich ist es ja auch nicht nur der Sonntag, der so ist. Sondern mein ganzes Leben. Also nicht so extrem. Aber schon Zeit. Zu viel davon.

Du kannst nichts dagegen machen. Die Pommes genießen und kein schlechtes Gewissen haben. Was nicht so einfach ist. Weil alle arbeiten doch immer. Wenn man als Außerirdischer die Menschen mit einem Namen benennen müsste, weil sie gerade von einem außerirdischen Forscher entdeckt wurden, einer Art Kolumbus, der in Gegenden fährt, wo wirklich niemand etwas vermutet, und der eben auch die Menschen entdeckt eines Tages, der auch schon andere Lebewesen entdeckt hat, und ihnen immer neue Namen gab, weil sie keine hatten, und weil dieser Kolumbus er schon sämtlichen Einfallsreichtum, den er am Anfang seiner Reisen bei den Namensgebungen anwandte, verpulvert hat, weil er alle fünf Minuten eine neue Gattung entdeckte, und ihm keine interessanten oder wohlklingenden Namen mehr einfallen, und er deswegen vor einiger Zeit dazu überging, seine Entdeckungen einfach mit nach zu benennen, was deren Hauptmerkmal war – so würde er nach kurzer und eingehender Beobachtung schnell einen Namen haben: Arbeitende.

Er trägt die Bezeichnung auf einer langen Liste ein, kritzelt unsere Koordinaten daneben und fliegt weiter. So interessant sind wir nicht.

Ich brauche einen Kaffee als nächstes. Ich habe kein schlechtes Gewissen. Ich könnte sie anrufen, aber ich werd's nicht tun. Sie will nichts von mir. Ich will was von ihr. Sie hat einen Hokuspokus gemacht, schon, dass sie mich irgendwie verhext hat, vor'm Vierteljahr. Hokuspokus ist das richtige Wort.

Ein paar Schlüsselwörter und mich angesmiled einfach, fabulös gelächelt, hüllenlos. Niemand darf so lächeln, einfach. Ohne sich was zu denken dabei. Sie ist scheißkalt. Aber das merke ich erst jetzt. Sie wird mich wieder anrufen, heute, oder in ein paar Tagen vielleicht. Und ich werde nicht rangehen. Ich geh nicht ran.

Und meine Dresdnerin ruf ich auch nicht an. Seit Berlin hat sie sich nicht mehr gemeldet. Sich einfach nicht melden – über Wochen – das ist sie. So ist sie. Das gehört zum Deal. Ich kann mitspielen oder nicht.

Aber jetzt weiß ich, wie ihre Augen aussehen. Der Blick, die Augen, es ist der Stummfilmstarblick: Schläfrig bei weit geöffneten Äugchen. - Eins steht fest: Ich bleibe in München jetzt. Für immer. Ich werde mich nicht mehr nach Drecksoberberlin bewerben. Ich bin Euch scheißdankbar, dass Ihr mich nicht angenommen habt.

Danke!

Ich bleibe hier. Ich küsse den Boden. Den Münchener Boden.

Ich bin kein Norddeutscher.

Ich bin ein Südlicher.

Ich bleibe hier.

Ich hasse es hier ein bisschen und liebe es, sehr sogar.

Ich mache die Pinakothek jetzt. Egal! Warum warten? Ich warte schon mein ganzes Leben. Ich gehe wieder in die U-Bahn runter. Der Branca hat den U-Bahnhof Marienplatz entworfen. Da steige ich noch mal aus, extra, und schaue mir ihn an.

Ich hab's erst neulich bei Wikipedia gelesen. Branca! Den Prinzregentenplatz hat er auch gemacht, und den Königsplatz. Unten. Ich liebe ihn. Er wird unterschätzt.

Ich stehe am U-Bahn-Gleis und warte kurz und schon ist sie da.

Schau mal!

Leider vergesse ich, Marienplatz auszusteigen und stehe vor der Alten Pinakotheka.

Klenze! So sieht seine Pinakothek aus: Ein Raumschiff ist gelandet. Wahnsinnsproportionen. Keiner proportioniert göttlicher.

Plötzlich kingelt's. Auf'm Display steht: Eltern. Ich gehe ran, obwohl ich eigentlich nicht möchte. Meine Mutter ist dran. Sie erzählt mir, dass es dem Vater sehr schlecht geht, er nur herumliegt und alles zu viel ist, für ihn, und dass die Amerikaner kommen, also die Schwester meiner Mutter, die in Amerika lebt, mit Familie, und das es der Vater nicht erträgt und deswegen krank würde, und sie das furchtbar findet. In dieser Stimme, dieser typischen von ihr, so gedemütigt, leidend, ja, genau.

Und dann mache ich eine Umrundung der Alten Pinakothek, um weitere zehn Minuten zu verlieren. Schau mir dabei die Baustelle vom Neubau der Filmhochschule gegenüber an, die architektonisch nicht gewagt genug ist und von der die Proportionen oben und unten nicht stimmen. Sie hätte höher sein sollen und schmaler, oder die Breite so lassen und niedriger. Dann hätten sie diese eine gute Idee, die sie schon realisiert haben, so 'ne leichte Schräge nach unten, direkt vor'm Gebäude, über die ganze Front machen können.

Bisschen gefährlich im Winter vielleicht, weil schräg, aber spannender.

Mit Besichtigung der Baustelle – ich hüpfe über'n Bauzaun – kann ich mich weiterer 15 Minuten entledigen. Was komisch ist: Baustellen sind immer hell beleuchtet innen, auch wenn keiner arbeitet. Der Frischbetongeruch himmlisch und der Hall meiner Schritte grell irgendwie, die Zukunft vorwegnehmend, alles, was hier einmal passieren wird, ich hab's schon alles abgeschritten, in meiner Einsamkeit und der Einsamkeit der Räume. Vor'm Bezug ist alles enthalten, was jemals sein wird.

Danach direkt in die Pinakothek der Moderne, wo ich mein Zeugs im Schließfach verstaue und mich auf die unsäglichen, rechteckigen Wandsessel setze und meine Körperform der Form der Sessel anpasse und zur Skulptur werde. Zur geknickten. Zum Rechteck. Neben mir sitzt ein wirklich ausgesprochen hübsches Etwas. Markante Nase. Leicht gehökert. Ich kenne nur die Nationalität nicht.

Ich kann bloß schätzen: Iran? Afghanistan?

Ja, bitte, Afghanistan. Das wäre romantisch. Ihre Beine – in engen Jeans. Sie wirkt enorm museal. Was heißt museal? Es bedeutet, sie ist voll unbeweglich. Wie ein Gemälde. Sie kontrolliert jede Sekunde jede Zelle von sich. Eine larvenweißhäutige Bedrohung für mich. Renaissance. Frühe Renaissance.

Sie merkt, dass ich sie bemerke. Sie steht auf, fasst sich ins Haar, schaut leicht schräg, also mit halb her gewendetem Kopf zu mir, und geht dann zur Kasse. Sie will, dass ich mitkomme und die Verfolgung aufnehme. Logisch.

Sie kauft für'n Euro das Eintrittsticket bei den unfreundlichen Ladys, die so schrecklich furchtbar griesgrämig tun, und ich kauf's drei Leute nach ihr, schau von hinten auf ihre Schultern und ihr hellblaues T-Shirt, auf dem von vorn steht: „YES". In weißen Lettern.

Und, ja, ich wusste es!, sie schaut nochmals recht neckisch nach hinten, nach mir, wo ich stecke, und beginnt dann selbstbewusst, mit so'nem ausladenden Schritt flamingofußartig, die große Treppe zu den Expressionisten rauf zu schreiten.

Yes, yes, yes.
Ich bin in meinem Element.
Wer kann mich noch schlagen?
Außer Nolde, Macke und Baselitz?
Oh je, sie geht zu Picasso. Sie bleibt vor ihm stehen. Einer seiner Frauen mit schiefen Augen, abgebrochenen Brauen, rechtwinkligem Mund, zweifachem Kinn, umgedrehter Nase.
Fucking Picasso.
Den vertrag ich nicht.
Er ist zu verrückt – sogar für mich.
Aber so perfekt wie sie ist, kann sie einen Picasso ganz gut brauchen.
Seine Erschütterung, meine ich, die er Unerschütterlichen beim Anblick von seinen Bildern zufügt. Und die ist unshakeable, so steif, wie sie dasteht. Kann sie ein Picasso überhaupt rütteln? Ich bezweifel's.
Sie steht vor ihm und scheint nicht mal zu atmen. Nicht zu fühlen, zu empfinden. Nur zu schauen. Gut, wahrscheinlich wartet sie insgeheim auf mein Erscheinen im gleichen Raum.
Keine Sorge, ich bin schon da.
Stelle mich just direkt neben sie, einen Meter Abstand, vor den Picasso, und schaue darauf. Die rührt sich nicht. Ich rühre mich auch nicht. Sie tritt einen Schritt zurück. Ich drehe meinen Kopf ganz leicht zu ihr und sie bleibt starr und unbeweglich, Augen direkt auf das violette Doppelkinn von Picassos Muse gerichtet, atemlos.
Ich, auch ich, höre auf zu atmen. Da geht sie weiter, belanglos tuend irgendwie, einfach so in den nächsten Raum, hat keinen anderen Picasso mehr angesehen. Ich bleibe strategisch noch'n bisschen im Picasso-Raum und werde jetzt so tun, als wäre sie mir scheißegal, die nächsten, sagen wir mal, sieben Minuten.
Nach sechs Minuten denke ich, wo sie jetzt wohl ist?, während ich immer noch bei Picasso abhänge und seine zerbombten Gesichter ansehe.

Ja, ha ha.
Jetzt hamm' wir's.
Picasso hat den Zweiten Weltkrieg vorausgesehen, klar. Er hat gesehen, dass es allen die Gesichter zerhauen wird, und alles zersplittert und zerreißt. Er hatte es im Urin, wie sie hier sagen, die Bayern, die Münchner. Sie könnt' bei Ernst Ludwig Kirchner sein, und seine schiefen Türme, sein aggro-rot und seine schrägen Fassaden anschauen.
Also los, jetzt.
Hin!
Sie ist nicht im nächsten Raum, im darauffolgenden nicht und auch im dem danach nicht. Werde nervös und laufe zurück, dann quer. Wo ist die hin?! Wenn sie nicht auf mich wartet, irgendwo, mich nicht nachkommen lässt, dann kann sie schwerlich an mir interessiert sein.
Ähm, und ja, sie ist wirklich weg.
Sie ist nicht beim Beuys und seinen angebohrten, umgestürzten Pfeilern und seiner Zitrone mit Glühbirne, beim Magritte nicht, nicht bei Tilmans' Bildern von Nackten unter Bäumen.
Ich renne durch die Räume von Beckmann und vermeide den Blick auf seine Versehrten, die er angeblich seinen Kriegserfahrungen im Lazarett nachempfunden hat – da ist sie auch nicht.
Ich breche die Suche ab.
Setze mich stattdessen in einen abgedunkelten Raum, in dem eine alte Frau vor mir sitzt, in der ersten Reihe und ein Video läuft, in dem ein junger Mann in 'nem typisch deutschen Fichtenwald mit der Schaufel ständig in die Erde sticht und eimerweise Boden aushebt, schon einen richtigen Haufen ausgehoben hat und dann nach drei Minuten, in denen man zuschaut, wie er schaufelt, kommt 'ne schwarze Tafel, auf der draufsteht:
„1. Sinnlose Aktion: Im deutschen Wald nach Gold graben."
Geil! Dann, ja, kommt derselbe noch einmal, wie er vor'm kahlen Baum steht, ganz dicht, vor seinen Zweigen und auf ihn

einredet und gestikuliert, erklärt und erklärt und dem Baum irgendwas klar machen möchte und sich bemüht, wie blöd.

Dann kommt wieder eine schwarze Tafel, auf der steht:

„2. Sinnlose Aktion: Einen Baum im Frühling überreden, nicht mehr auszutreiben."

So ein krasses Zeug. Ein Zuschauer vor mir schüttelt seinen Kopf und geht raus. Ich mit. Beim Rausgehen sagt er halb mir zugewandt: „Und für so was wird Geld ausgegeben."

Gut.

Ich reagiere aber nicht. Weil ich's schon geil fand, den Goldsucher und den Baumflüsterer.

Ja, und dann schlendere ich weiter durch die hellen weißen Räume, die hoch sind und still und unbesucht meist, höre meine eigenen Schritte und bleibe irgendwann, weiß auch nicht genau, weswegen, vor drei Bildern stehen, Fotografien in hellen Holzrahmen.

Auf dem Schildchen steht „erwachsen werden", und auf dem Foto, ein junges Pärchen. Sie schwarzhaarig, hat ihr'n Kopf in die Schulter von ihm vergraben. Er umarmt sie, schaut direkt in die Kamera zur gleichen Zeit. Und schaut so fragend, unwissend, was kommen wird oder so.

Im mittleren Bild steht ein kleines Mädchen hinter einem hohen Sportplatzzaun und schaut auch direkt in die Kamera, ganz still, mit einem Bein dem Sportplatz zugewandt, und mit'm anderen Richtung Fotograf. Lehnt sich dabei an den Maschendraht des Sportplatzzauns, der ganz leicht nachgibt, von der Last.

Auf dem rechten Bild steht ein hellblondes, schlankes Mädchen an einer Straßenkreuzung, vielleicht Ampel, also auf jeden Fall am Rande des Gehsteiges, vor der offenen Straße, mit Minirock, und hält zwei Hunde an der Leine. Ein Hund ist klein, der andere sehr groß. Auch sie schaut direkt her, und ich kann nicht genau sagen, was in ihrem Blick ist: Vorsicht oder Neugier.

Einer der Wärter schleicht die ganze Zeit um mich herum. Ein Älterer, mit einem Glasauge. Ich schaue, dass ich davon komme und dann brummt mein Handy in der Hosentasche. Hopp, springe ich hinter eine Skulptur von, um aus dem Sichtfeld des angsteinflößenden Wärters zu sein und schue auf die Nummer des Anrufers. – Sie. Es ist das Mädchen aus Dresden. Klar! Jetzt meldet sie sich. Nachdem sie drei Wochen nichts von sich hat hören lassen. Ich gehe da nicht ran. Die kann mich kreuzweise. Dieses untreue und undankbare und widerspenstige Etwas. Ich bin ihr doch völlig egal. Sie soll mich in Ruhe lassen. Ich bin jetzt gescheiter. Ich lass mich nicht mehr so durchdringen. Und glorifiziere niemanden mehr so. Wie ich's auch bei ihr am Anfang getan habe. Das war dumm gewesen. Wirklich dumm.

„Hi."

„Hi! Was machste?

„ Ich bin in der Pinakothek.

„Was suchste denn da!"

„Nichts."

„Dann schau mal, dass du da so schnell wie möglich raus kommst."

„Warum rufst du mich überhaupt an!"

„Ich hab in ner halben Stunde Schluss. Dann kannste mich abholen. Du weißt schon wo."

„Kommst du hinten raus oder aus dem großen Tor?"

„Hinten."

„Okay."

„Und beweg so schnell wie möglich deinen Arsch aus diesem furchtbaren Ding. Hast du mich verstanden?"

Hugendubel

Als ich sie vor einem halben Jahr das letzte Mal sah, war sie noch nicht so dünn – glaube ich. Ich hatte die Buchhandlung deswegen so lange nicht mehr besucht, weil ich die Stadt für eine Weile verlassen hatte. Es war eine große, kommerzielle Buchhandlung und sie arbeitete dort. Da ich nur zum Lesen dorthin kam, konnte ich sie stundenlang beobachten, vom hellgiftgrünen Halbkreis der Lesebänke aus. Ich glaube, sie wusste, dass ich das tat. Sicher wusste sie auch, dass sie außerordentlich hübsch war. Menschen bestellen Bücher mit Namen wie „Die raffiniertesten Morde im Tierreich“ oder „Der Sinn des Lebens“. Auch fiel mir auf, dass diejenigen, die auf dem Halbrund neben mir Platz nahmen, fast ausnahmslos Bücher mit Bildern durchblätterten und niemand etwas las. Mein Bild hingegen wurde gerade nach einem Reiseführer für Amsterdam befragt und tippte etwas in den Computer. Sie sah traurig aus. Auch hatte sie mich wiedererkannt. Ein kurzer Blickwechsel genügte. Weswegen war sie so dünn geworden, innerhalb dieses halben Jahres?

War es eine Liebesgeschichte? War sie verlassen worden?

Für einen Moment trafen sich unsere Blicke. Ich ließ mein Augenpaar ins Buch zurückschnellen und dachte nach, während ich zu lesen vorgab: Sie kam aus gutem alten Hause und magerte sich wegen ihrer Eltern ab, respektive ihrer Mutter, die kalt ist, und ihrem Vater, der nur arbeitet und unentwegt fremdgeht.

Nein.

Es sollte eine Liebesgeschichte sein.

Es war meine Schuld, weil ich sie vor einem halben Jahr verlassen hatte und einfach in eine andere Stadt gezogen war. Obwohl wir geplant hatten, im Frühjahr zusammen zu ziehen und auch schon eine entsprechende Wohnung gefunden hatten – direkt hinter der Uni. Wir hatten bereits zugesagt, mündlich.

Und nun besaß ich die Kälte und Chuzpe, hier einfach aufzutauchen, mit Martin Walsers neuestem Liebesroman, aufgeschlagen, auf meinem Schoß, während sie einem Geschäftsmann erklären musste, dass es von Daniel Kehlmanns „Die Vermessung der Welt“ keinen Fortsetzungsroman gab, was dieser partôut nicht glauben wollte.

Die Tatsache, dass sie immer noch hier arbeitete, ließ darauf schließen, dass sie weiterhin studierte. Sie finanzierte ihre Studiengebühren durch die Arbeit in der Buchhandlung.

Nachdem der Geschäftsmann verschwunden war, stand sie untätig wenige Meter von mir entfernt am Informationsstand und sah kein einziges Mal zu mir. Damals bin ich einfach verschwunden aus ihrem Leben. Ich stierte auf den weißen Zwischenraum der Walserzeilen und wagte nicht zu lesen. Neben mir räusperte sich ein älterer Herr, der mit seinem Ellbogen versuchte, mehr Sitzraum in Beschlag zu nehmen. Den ich aber mit einem verächtlichen Blick abstrafte, als ich bemerkte, dass er verstohlen irgendwelche Adressen aus einem Ratgeber auf einen winzigen Zettel notierte. Ich begann zu lesen und war schon mit dem halben Roman durch, als eine Lautsprecherstimme sanft zum Verlassen der Buchhandlung aufforderte und ich aus meiner Liebesgeschichte aufschreckte.

Am nächsten Tag kam ich wieder. Sie arbeitete bereits und ich bemerkte nach einiger Zeit, dass ich nun mehr Luft denn je für sie war. Von da an kam ich wieder jeden Tag hierher. Irgendwann wurde ich von einem breitköpfigen Mitarbeiter darauf angesprochen, dass mein stundenlanges Sitzen jenen Lesern, die auch etwas kaufen würden, den Platz versperrte. Seine Argumentation erschien mir widersprüchlich, doch von diesem Tag an kaufte ich jedes Mal ein Buch, kurz bevor die Buchhandlung schloss. Es verging eine ganze Woche, in der ich nicht ein einziges Mal vom Lesen aufblickte. Ob sie in dieser Zeit überhaupt gearbeitet hat, kann ich nicht sagen. In der darauffolgenden Woche blickte ich hin und wieder auf, wobei ich die Gestalt ihres Körpers erkannte, aber nicht wagte, höher als bis zum Becken zu sehen. Sie trug schwarze, blickdichte Netzstrümpfe und ein kurzes, schwarzes Wollkleid. Ihre Beine waren sehr dünn, doch lang und schön. Einmal ging sie so knapp an mir vorbei, dass ich fürchtete, sie könne mich ansprechen. Doch es geschah nicht. In dieser Zeit las ich Bücher, an deren Lektüre ich nicht im Traum gedacht hätte: „Die Gärten von Eraston“ oder „Am Abhang des Todes“. Immer handelten sie von Liebe oder Mord und immer waren die Geschichten überzogen und die Sprache kitschig und irgendwann geschah es: Ich verliebte mich in sie. Es sollte der Tag kommen, an dem ich ihr in die Augen schauen würde. Es war ein Donnerstag.

Sie war vollständig tannengrün gekleidet. Nachdem sie eine junge Lehrerin beraten hatte, stand sie in meine Richtung gewandt da. Wenn ich nun einen Blick in ihre Augen wagte, könnte sie mich womöglich mit einem vernichtenden Gegenblick für all das verurteilen, was ich ihr angetan hatte und weswegen sie so dünn geworden war. Oder sie erwiderte meinen Blick, als wäre es das erste Mal. Das wünschte ich mir inständig: Das allererste Mal, fremd zu fremd. Eigentlich musste sie meine Beharrlichkeit in den letzten Wochen versöhnlich gestimmt haben. Wie ich mich jeden Tag bloßgestellt hatte, vor ihren Kollegen und ihr. Gerade beendete ich „Engel der Leidenschaften“ und erlebte mit, wie die Protagonistin am Ende des Romans in jenem mittelalterlichen Dorf, aus dem sie wegen ihrer Liebe zu einem Osmanen verstoßen worden war, wieder aufgenommen wurde, um dort ihr Kind zur Welt zu bringen – als ich sie ansah. Sie hatte mich wohl schon länger angesehen und kam nun auf mich zu. Sie blieb dicht vor mir stehen und sah mit sachlich-professionellem Blick zu mir herab, wobei sie mit einem abschätzigen Augenaufschlag den Titel meines Romans kommentierte.

Sie meinte, sie tue das nur wegen ihrer Kolleginnen, dass sie mich nun anspreche, weil die sie schon lange wegen mir aufzögen, was ihr zusehends unangenehm sei.

Die Tatsache, dass ich hier seit einem halben Jahr jeden Tag auftauche und sie mit meinen Blicken verfolge, imponiere ihr nicht im Geringsten. Sie sei in keiner Weise an mir – sie sagte „an Ihnen“ - interessiert, und seit Kurzem mit ihrem Freund verlobt, der diese Buchhandlung auch leite. Hierbei zeigte sie auf jenen breitköpfigen Mitarbeiter, der in einer Ecke der Buchhandlung eine Palette Bücher in ein Regal wuchtete.

Ich stand wortlos auf, ging langsamen Schrittes zur Kasse, kaufte den gelesenen Roman und kehrte nie wieder in die Buchhandlung zurück.

Andreas Keck

Andreas Keck wurde 1973 in Weißenhorn, Kreis Neu-Ulm, geboren. Nach dem Studium der Sozialpädagogik und Philosophie wurde er zum Dr. phil. promoviert. 2007 übernahm der Berliner Verlag Periplaneta seine Vertretung. 2008 erschienen dort sein Erstling SCHNEEBLIND und der Roman RUHM! Beide Romane wurden für den Bayerischen Kunstförderpreis nominiert.

Andreas Keck ist ständiger Autor der satirischen Literaturzeitschrift 'Häuptling eigener Herd'.

Er lebt und arbeitet in München.

Werke

„Schneeblind – Ein Patientenroman"

Ein wunderbar leiser Roman über das Verrücktsein, die Psychiatrie und die eigene Realität. Buch, Englisch Broschur 202 S., ISBN 978-3-940767-04-2

„Ruhm! – Ein Künstlerroman"

„RUHM!" erzählt vom Aufstieg und Fall des jungen Künstlers Franz Kappa.
Buch, Englisch Broschur, 274 S., ISBN: 978-3-940767-10-3

„Untreu – Ein Beziehungsroman"

Eine Frau, ein Mann, ein Arbeitskollege
Buch, Englisch Broschur, Ca. 200 Seiten, ISBN 978-3-940767-79-0

Texte

Bilder